Dr. Olga Balboa Sánchez

Spanisch üben
Lesen & Schreiben B1

Hueber Verlag

Der Verlag weist ausdrücklich darauf hin, dass im Text enthaltene externe Links vom Verlag nur bis zum Zeitpunkt der Buchveröffentlichung eingesehen werden konnten. Auf spätere Veränderungen hat der Verlag keinerlei Einfluss. Eine Haftung des Verlags ist daher ausgeschlossen.

Eingetragene Warenzeichen oder Marken sind Eigentum des jeweiligen Zeichen- bzw. Markeninhabers, auch dann, wenn diese nicht gekennzeichnet sind. Es ist jedoch zu beachten, dass weder das Vorhandensein noch das Fehlen derartiger Kennzeichnungen die Rechtslage hinsichtlich dieser gewerblichen Schutzrechte berührt.

3. 2. 1. | Die letzten Ziffern
2027 26 25 24 23 | bezeichnen Zahl und Jahr des Druckes.
Alle Drucke dieser Auflage können, da unverändert, nebeneinander benutzt werden.
1. Auflage

Umschlaggestaltung: Sieveking · Agentur für Kommunikation, München
Layout und Satz: Sieveking · Agentur für Kommunikation, München
Co-Autorin: Anna Barbierato, Rosenheim
Verlagsredaktion: Jürgen Frank, Hueber Verlag, München
Druck und Bindung: Friedrich Pustet GmbH & Co. KG, Regensburg
Printed in Germany
ISBN 978-3-19-437909-1

Art. 530_28281_001_01

Inhaltsverzeichnis

Vorwort

Liebe Lernerinnen, liebe Lerner,

Spanisch üben Lesen & Schreiben B1 ist ein Übungsbuch für fortgeschrittene Lernende mit Vorkenntnissen auf Niveau B1 zum selbstständigen Üben und Wiederholen. Es eignet sich auch für den unterrichtsbegleitenden Einsatz, zur Überbrückung von Kurspausen oder zur Vorbereitung auf Prüfungen der Niveaustufe B1 des *Gemeinsamen Europäischen Referenzrahmens*.

Spanisch üben Lesen & Schreiben B1 orientiert sich an den gängigen B1-Lehrwerken für den Kursunterricht und trainiert die Fertigkeiten Lesen und Schreiben auf diesem Niveau. Die abwechslungsreichen Übungen behandeln alle für die Bewältigung der schriftlichen Alltagskommunikation wichtigen Themen und den entsprechenden Wortschatz. Authentische Textsorten wie E-Mail, Artikel, Flyer, Blog oder Chat unterstützen dabei das Leseverstehen und geben Ihnen mehr Sicherheit im schriftlichen Ausdruck.

Die Lösungen zu allen Übungen finden Sie im Anhang. Zu den Übungen, in denen Sie selbst einen Text schreiben sollen, geben wir jeweils eine mögliche Lösung an.

Und nun wünschen wir Ihnen viel Spaß und viel Erfolg!

Autorin und Verlag

A Tesoros culturales y naturales

A1 Lugares imprescindibles

1a Die UNESCO und Lateinamerika: Was wissen Sie darüber? Machen Sie das Quiz.

1. ¿Qué país de América Latina tiene más lugares declarados Patrimonio de la Humanidad por la Unesco?

☐ Uruguay ☐ Brasil ☐ Perú ☐ México

2. El primer lugar declarado Patrimonio de la Humanidad en América Latina fue...

☐ La Habana (Cuba). ☐ Quito (Ecuador).
☐ Santo Domingo (República Dominicana).

3. ¿Qué ciudad <u>no</u> es Patrimonio de la Humanidad?

☐ Potosí (Bolivia) ☐ Valparaíso (Chile)
☐ Bogotá (Colombia) ☐ Cusco (Perú)

4. Desde 2009 es Patrimonio Inmaterial de la Humanidad...

☐ la zumba. ☐ la salsa. ☐ el tango. ☐ el reguetón.

5. La bachata, ritmo musical Patrimonio Inmaterial de la Humanidad desde 2019, es originaria de...

☐ Colombia. ☐ República Dominicana. ☐ Cuba. ☐ Uruguay.

6. ¿Qué fiesta tradicional es Patrimonio Cultural Inmaterial de la Humanidad?

☐ Carnaval de Oruro (Bolivia) ☐ Feria de las Flores (Medellín, Colombia)
☐ Vendimia (Mendoza, Argentina)

7. ¿Qué gastronomía es la única de América Latina declarada Patrimonio Inmaterial?

☐ la hondureña ☐ la cubana ☐ la mexicana ☐ la argentina

1b Die UNESCO-Organisation hat sich mehrmals für Ecuador interessiert. Darüber ist ein Artikel auf der Website einer Tageszeitung erschienen (Seite 8). Worum geht es? Wählen Sie einen passenden Titel.

☐ La Unesco premió en 1978 al centro histórico de la ciudad de Quito

☐ Bienes naturales, culturales e inmateriales de Ecuador reconocidos por la Unesco

☐ Ecuador: ciudades e islas que son Patrimonio cultural y natural de la Humanidad

En 1978 la Unesco declaró dos lugares de Ecuador Patrimonios de la Humanidad: la ciudad de Quito, bien cultural, y las Islas Galápagos, bien natural. Así Ecuador se convirtió en el primer país de América Latina que recibía este título. Algunos años más tarde, la Unesco galardonó de nuevo a este país del noroeste de Sudamérica con la declaración de Patrimonio Inmaterial de la Humanidad por la música y los cantos tradicionales de la provincia de Esmeraldas, el tejido tradicional de sus sombreros de paja y las manifestaciones culturales de tradición oral del pueblo zápara.

Quito, la capital de Ecuador, situada a unos 20 kilómetros de la "mitad del mundo", línea que divide la Tierra en dos hemisferios, fue fundada en el siglo XVI sobre las ruinas de una antigua ciudad inca y posee el centro histórico mejor conservado de toda América Latina, criterio fundamental para su nombramiento por la Unesco. Por su parte, las Islas Galápagos están situadas en el Pacífico a unos mil kilómetros de la costa continental. El archipiélago lo forman diecinueve islas de origen volcánico y más de 100 islotes rocosos que cuentan con una riqueza de fauna y flora única en el mundo. Además de la declaración de Patrimonio Natural de la Humanidad en 1978, las también llamadas "Islas Encantadas" son Reserva de la Biosfera y Reserva Marina desde 1984.

1c Lesen Sie den Artikel noch einmal. Welche Aussagen stimmen nicht?

1. Varios lugares y fenómenos culturales de Ecuador son Patrimonio de la Humanidad.
2. Los sombreros de paja ecuatorianos son Patrimonio de la Humanidad.
3. Quito se encuentra exactamente en la mitad del mundo o línea ecuatorial.
4. Quito tiene origen inca.
5. Las Islas Galápagos están a 100 km de la costa de Ecuador.
6. En las Islas Galápagos hay plantas y animales muy frecuentes en América.
7. Las Islas Galápagos están muy cerca de las Islas Encantadas.
8. El archipiélago de las Galápagos es muy importante para la salud del planeta.

1d Sie interessieren sich für eine Stadtbesichtigung von Quito und haben dafür den Beitrag einer Bloggerin gelesen. Was können Sie in Ihr Notizbuch schreiben?

Quito en un día

Dado que Quito se encuentra a 2850 metros de altura sobre el nivel del mar, lo mejor es empezar la visita por la mañana bien temprano subiendo con el teleférico al volcán Pichincha: desde arriba, a unos 4000 metros, tendrás unas vistas espectaculares de la ciudad y de los volcanes que la rodean.

Después de esta primera gran experiencia, puedes ir al centro y visitar la basílica del Voto Nacional. Es la iglesia neogótica más grande de América y desde sus torres se ve el casco antiguo de Quito, que podrás recorrer cuando bajes de la basílica.

Una vez abajo, da un paseo por la plaza mayor de la ciudad, también llamada plaza Grande o de la Independencia, y fíjate en sus edificios más representativos: el palacio de Carondelet, sede del gobierno y residencia del presidente de Ecuador, y la catedral, un hermoso templo gótico.

Al mediodía, seguramente querrás hacer una pausa y degustar alguna especialidad ecuatoriana. Mi plato favorito es el "hornado", a base de carne de cerdo asada en un horno de barro. ¡Está para chuparse los dedos!

Después de un buen descanso, puedes ver algunos monumentos imprescindibles, como la iglesia de San Francisco. Cuando entres, tendrás la sensación de pisar un museo, ya que en su interior se pueden admirar más de 3500 obras de arte colonial. Sigue tu recorrido y ve a la iglesia de la Compañía de Jesús, que está a unos 80 metros de la de San Francisco y es el mejor ejemplo de la arquitectura barroca española en América del Sur. Cuando estés allí, abre bien los ojos y no te pierdas ningún detalle, porque está prohibido hacer fotos.

Como ya has visitado muchos monumentos, disfruta ahora simplemente de La Ronda, una calle peatonal muy animada, con casas sencillas de la época colonial muy bien restauradas. Para terminar, te sugerimos subir al Panecillo, uno de los mejores miradores de Quito, donde podrás cenar y revivir todo lo que has visto y hecho en esta hermosa ciudad.

Quito en un día

Lo primero:

Qué ver en el centro por la mañana:

Qué comer al mediodía:

Dos magníficas iglesias para la tarde:

Y por último:

1e Die Bloggerin hat noch einige Tipps für den Aufenthalt in Quito gegeben. Allerdings gab es ein Problem mit dem Internet. Schaffen Sie es, die Tipps zu rekonstruieren, indem Sie die passenden Spalten miteinander verbinden?

Por cierto, aquí tienes algunos consejos más para tu visita por Quito:

1. Cuando te subas en el teleférico,
2. Cuando estés en la basílica del Voto Nacional,
3. Cuando salgas de la catedral, y si quieres comprarte un sombrero típico ecuatoriano,
4. Cuando te canses y tengas sed,

a. haz una pausa y tómate un sabroso "ponche", una bebida dulce hecha con leche, huevos y especias.
b. recuerda que vas a alcanzar casi 4000 metros de altura. ¡Abrígate bien!
c. mira la fachada y observa las esculturas que representan la flora y fauna de Ecuador. ¡Las iguanas y tortugas son fascinantes!
d. ve a una de las tiendas especializadas que se encuentran muy cerca de la catedral.

1f Eine Zeitschrift zum Spanischlernen hat ihre Leser/innen dazu aufgefordert, einen Reisebericht für die Rubrik „Warum diese Stadt besuchen?" zu schreiben. Letzten Frühling waren Sie in Santo Domingo, Dominikanische Republik, Partnerstadt von Quito, und Sie waren begeistert ... Verfassen Sie Ihren Beitrag mithilfe Ihres Spickzettels.

Warum Santo Domingo besuchen? Weil die Hauptstadt der Dominikanischen Republik den Touristen viel zu bieten hat. Letzten Frühling wir → Besuch von Santo Domingo → seit 1990 die Altstadt UNESCO-Weltkulturerbe.

Unvergessliche Erfahrung wegen der Schönheit (*belleza*) der kolonialen Altstadt. Dort befinden sich unter anderem wichtige Sehenswürdigkeiten wie die erste Kathedrale und die erste Burg (*castillo*) Amerikas. Wenn du dort ankommst, genieß einfach erst mal das Ambiente und das Leben in den alten Gassen. Danach unbedingt besuchen: die Kathedrale und den Palast von Kolumbus (*Alcázar de Colón*), erbaut von Diego Colón, dem ersten Sohn von Christoph Kolumbus (*Cristóbal Colón*). Nicht vergessen: abends bei den Ruinen des Klosters San Francisco (*Convento de San Francisco*) die kostenlosen *Bachata*- und *Merengue*-Konzerte besuchen!

¿Por qué visitar Santo Domingo? Porque la capital de la República Dominicana tiene mucho que ofrecer…

A2 Saberes milenarios

2a Erinnern Sie sich an das Quiz über die UNESCO und Lateinamerika (Seite 7)? Im Internet hat ein Benutzer eine Frage gestellt: Was würden Sie darauf antworten? Schreiben Sie Ihre Meinung.

¿Por qué justamente la gastronomía mexicana es Patrimonio Inmaterial de la Humanidad por la Unesco? ¿Alguien lo sabe?

Yo creo que quizás…

2b Von der Frage angeregt, bitten Sie Ihre mexikanische Freundin Regina um eine Erklärung. Schicken Sie ihr eine Nachricht mithilfe dieser Stichpunkte.

Neulich gelesen, dass laut UNESCO die mexikanische Gastronomie → immaterielles Weltkulturerbe. Du bist wahrscheinlich sehr zufrieden → aber ich habe Zweifel: warum genau die mexikanische und nicht z. B. die peruanische oder kolumbianische Küche? Welche Gründe, kannst du es mir erklären? Danke! 😚

¡Hola, Regina!

2c Als Erklärung hat Ihnen Regina einen Link geschickt. Lesen Sie den Bericht auf der nächsten Seite und entscheiden Sie, welcher Titel zu welchem Abschnitt passt.

a. Significado del maíz en México

b. Un bien para toda la humanidad

c. ¿Qué criterios cumple la cocina mexicana para ser Patrimonio de la Humanidad?

d. ¿Qué requisitos son necesarios para recibir el título de Patrimonio Inmaterial según la Unesco?

1. La gastronomía mexicana es la única de América Latina que desde 2010 es Patrimonio Inmaterial de la Humanidad. La Unesco declara Patrimonio Inmaterial a las manifestaciones culturales de todo tipo que reflejan el sentimiento de pertenencia, identidad y continuidad de una comunidad, promoviendo a la vez la diversidad cultural y la creatividad humana, requisitos que cumple a la perfección la cocina tradicional mexicana.

Das *gerundio*
mir-ar → mir**ando**
aprend-er → aprend**iendo**
cumpl-ir → cumpl**iendo**
Achtung!
pedir → p**i**diendo
dormir → d**u**rmiendo
leer → le**y**endo

2. Según la Unesco, la cocina mexicana es todo un modelo cultural que aglutina actividades agrícolas milenarias con prácticas rituales muy antiguas en constante evolución. Es un sistema completo en el que participan todos: empezando por la siembra y la cosecha, pasando por la preparación en la cocina de los distintos platos, para terminar con la degustación en casa o en las fiestas y celebraciones tradicionales.

3. El maíz, base del arte culinario mexicano junto al frijol y el chile, era el alimento básico de las antiguas civilizaciones maya, azteca y olmeca, y estaba considerado planta sagrada. Todavía hoy tiene un gran valor simbólico y religioso; por ejemplo, las tortillas de maíz consumidas diariamente forman parte también de las ofrendas del Día de los Muertos.

4. Todo ello hace de la gastronomía mexicana un tesoro histórico, herencia de muchas culturas, que ha sobrevivido al paso del tiempo manteniéndose siempre fiel a sus costumbres. Un tesoro, que desde 2010 la Unesco se compromete a proteger y preservar.

2d Schreiben Sie eine kurze Zusammenfassung des Artikels in 2c. Folgen Sie den Stichwörtern unten.

Según la Unesco, una manifestación cultural es Patrimonio Inmaterial de la Humanidad si...

La cocina mexicana es...

La base de la gastronomía mexicana es...

2e Welche Schlüsselwörter würden Sie nach der Lektüre des Artikels mit dem Ausdruck *gastronomía mexicana* verbinden? Markieren Sie sie im Text.

2f Zu diesem Beitrag und zum Thema „Warum sollen spezifische kulturelle Traditionen geschützt und gefördert werden?“ haben sich auch einige Leser/innen geäußert. Aber diesmal war der Wurm drin: Was stand da geschrieben? Rekonstruieren Sie die Aussagen, wie im Beispiel.

Das *gerundio* in Modalsätzen

Los jóvenes aprenden **observando** a los mayores, **siguiendo** sus consejos y **poniéndolos** en práctica.

Das **gerundio** kann verwendet werden, um die Art und Weise einer Handlung zu beschreiben.

Im Deutschen wird es mit „indem“ wiedergegeben.

Pronomen werden an das **gerundio** angehängt:

... poniéndo**los** (= los consejos) en práctica
(= ... indem sie sie [die Ratschläge] in die Praxis umsetzen)

Aprendiendo a conocer las tradiciones antiguas de un país,	el saber de una generación a otra,	se protege la historia de los lugares y de las personas.
Protegiendo las	tradiciones, no	se conservan las vivencias de nuestros antepasados.
Un país se entiende mejor	tener en cuenta los hábitos y costumbres de sus habitantes.	se pierden los conocimientos recogidos durante siglos.
En un mundo globalizado es importante	Haciéndolo,	su cultura y sus costumbres.
Trasmitiendo	se comprenden	mejor las diferencias entre los distintos países y las diferentes culturas.
	conociendo	

2g Marlies lebt in München. Ihre mexikanischen Freunde haben sie gefragt, ob in Deutschland auch etwas aus dem Bereich Lebensmittel zum Weltkulturerbe gehört. Sie hat recherchiert, sich Notizen gemacht und sogar ein paar Wörter übersetzt. Jetzt geht es darum, den Text für die Freunde fertig zu schreiben. Helfen Sie ihr!

Seit 2014 deutsches Brot UNESCO-Weltkulturerbe → in Deutschland große Brotvielfalt: es gibt fast 3200 Brotspezialitäten! Ihr kennt das vielleicht nicht in Mexiko: in den Bäckereien hier → Brot jeder Art und Form. Es gibt viele Gründe für diese Vielfalt: Geschichte, Geografie, Klima, unterschiedliche Herstellungsmöglichkeiten (*modos de producción*) haben Merkmale und Form der verschiedenen Brote beeinflusst (*influir*). Die UNESCO-Entscheidung soll dieses Wissen schützen, um es den nächsten Generationen zu übermitteln. Hoffen wir, dass es wirklich so ist!

¡Hola, queridos amigos! Bueno, me he informado un poco y he descubierto que efectivamente también en Alemania ______

A3 ¡Pruébalo!

3a Auf einer Website über die spanische Küche haben Sie diese vielversprechenden Speisen gesehen. Zu welcher Region aus der Liste könnten sie gehören? Versuchen Sie, es zu erraten, die Auflösung folgt in Kürze.

Galicia • Islas Canarias • Islas Baleares • Cataluña • Andalucía • Cantabria • Comunidad de Madrid • Comunidad Valenciana • País Vasco • Castilla-La Mancha • Asturias • Extremadura • Castilla y León • La Rioja • Aragón • Navarra • Región de Murcia

salmorejo

bacalao al pilpil

empanada

escalibada

carcamusas

papas arrugadas con mojo

3b Überprüfen Sie Ihre Lösungen von 3a mithilfe des folgenden Artikels, der im Zusammenhang mit diesen Fotos stand. Haben Sie es erraten?

Cocina recién hecha... ¡del mercado a la mesa!

Las patatas o "papas" arrugadas servidas con un delicioso mojo de las Islas Canarias, el riquísimo bacalao al pilpil del País Vasco, la excelente empanada gallega, la sabrosa escalibada de Cataluña, el refrescante salmorejo andaluz o las carcamusas de Castilla-La Mancha..., más allá de la paella o la tortilla de patata, platos internacionales de nuestra gastronomía, la cocina española cuenta con una gran variedad regional.

Pero si hay algo que realmente llama la atención en todos los lugares independientemente de las regiones, es que la gente no suele comer sola, porque en España comer significa algo más que "ingerir comida y alimentarse"; comer supone un momento de encuentro para verse y charlar, una buena ocasión para hacer negocios o discutir de fútbol o política, es decir, es un verdadero acto social.

Y cualquier sitio es bueno para juntarse y "picar" algo a cualquier hora. Desde las cafeterías donde se toman los famosos churros en el desayuno o la merienda, hasta los bares para disfrutar de una cerveza bien fría servida con una "tapita" antes de comer, pasando por los restaurantes o mesones de todo tipo que compiten por ofrecer el menú del día más completo y económico.

A esta variada oferta contribuyen actualmente los mercados de muchas ciudades, que desde hace unos años han decidido modernizarse y ofrecer cocina rápida, de calidad y en un entorno tradicional y cercano al cliente. Los antiguos puestos de carne, fruta o pescado, instalados en los mercados cerrados de los barrios, han dejado paso a modernos bares y restaurantes de gastronomía *gourmet*. A continuación, tres buenos ejemplos. ¿Los conoce?

La Boquería, símbolo de Barcelona

La historia de la Boquería se remonta al año 1217, cuando este centro del paladar era simplemente un mercado ambulante situado cerca de la Rambla. En 1840 el *Mercat de Sant Josep de Boqueria* abrió sus puertas al público, siendo en la actualidad uno de los lugares más visitados de Barcelona. Además de los tradicionales puestos, cuenta con muchos restaurantes de cocina local e internacional como japonesa, italiana, griega o árabe.

Mercado de Triana, un auténtico mercado sevillano

En Triana, el barrio con más sabor de Sevilla, cuna del flamenco y de la alfarería, este espacio gastronómico abrió sus puertas en 2001 en el terreno que había ocupado un antiguo mercado. Deambular por sus pasillos es toda una experiencia, ya que, además de los bares para degustar el mejor jamón ibérico, reúne puestos con productos típicos de Andalucía y también de carácter artesanal como pan o cerveza.

San Miguel, en pleno centro de Madrid

Mientras que en la Edad Media era un mercado abierto, en 1916 se inauguró como mercado cerrado inspirado en otros mercados de la época. En la actualidad, este edificio histórico es uno de los lugares más visitados de la capital para ir de tapas de un puesto a otro, ya que permite hacer un recorrido por los sabores de muchos rincones distintos de España.

A

3c **Welche Informationen haben Sie über die folgenden Aspekte im Artikel gelesen? Schreiben Sie sie in die passende Spalte.**

¿Qué significado tiene el momento de la comida en España?	Lugares donde se puede comer algo en España	Características generales de los mercados *gourmet*	Un dato interesante de cada uno de los mercados *gourmet* del texto
______	______	______	La Boquería:
______	______	______	
______	______	______	Triana:
______	______	______	
______	______	______	San Miguel:

3d **Lesen Sie den Artikel noch einmal und suchen Sie die entsprechenden Ausdrücke.**

1. Normalmente la gente no come sola →
2. Es una actividad en la que participa más de una persona →
3. Algo que es conocido y practicado de siempre → *de toda...*
4. De elaboración manual, no producido en fábricas →

3e Barbara organisiert gerade ihre Ferien auf Gran Canaria und fragt Fernando nach Informationen. Was will sie wissen? Welche Informationen gibt ihr Fernando?

¡Hola, Fernando! Tú eres de Canarias, ¿verdad? He leído que en las Islas se toman "papas arrugadas". ¿Cómo se hacen? ¿Qué tipo de "papas" son? ¿Por qué "arrugadas"?

¡Hola! Sí, sí, soy de Las Palmas... jajaja... "arrugadas", nosotros decimos "arrugás". Son papas que tienen "arrugas", pero no porque son viejas, sino por su preparación y su aspecto final. Nosotros solemos utilizar papas pequeñas. Se lavan bien antes, porque se comen con la piel. Después se cuecen con mucha sal y unas rodajas de limón durante unos 25 minutos. Cuando están cocidas, se retira casi toda el agua, pero se dejan un rato en la olla, hasta que la piel empieza a "arrugarse". Entonces están listas.

¿Cómo se sirven normalmente?

Lo habitual es comerlas para acompañar platos de carne o de pescado, se toman con un "mojo" o salsa que puede ser roja o verde. ¡Están muy ricas!

Barbara quiere saber...

____

____

____

Fernando le informa diciendo que...

____

____

____

Gewohnheiten ausdrücken

Normalmente se sirven con salsa.

Es normal/habitual/frecuente comerlas como guarnición.

Lo normal/habitual es cocinarlas con sal.

La gente **suele** usar papas pequeñas.

Das Verb **soler** wird immer mit einem Infinitiv verwendet:

suelo, sueles, suele, solemos, soléis, suelen + Infinitiv

3f Lesen Sie den Chat in Übung 3e noch einmal. Welche Aussage stimmt? Kreuzen Sie an.

☐ Es normal / No es normal usar patatas pequeñas.

☐ Es frecuente comerlas como guarnición / plato principal.

☐ La gente suele / no suele pelar las papas antes.

3g Barbara hat in den sozialen Medien einiges über die Mojo-Soße gefunden. Lesen Sie den Post. Worüber weiß sie jetzt mehr? Kreuzen Sie an.

☐ origen del nombre ☐ ingredientes ☐ tiendas especializadas
☐ influencias de otros países ☐ precios ☐ tipos distintos

El mojo canario es una salsa que suele acompañar muchos platos y que forma parte de la tradición culinaria de las Islas. En su elaboración se combinan varias especias que le dan un sabor distinto según los ingredientes utilizados. La palabra "mojo" viene del portugués "molho". Esta salsa es una fusión de la herencia gastronómica de los guanches, los pobladores autóctonos de las Islas, y de la influencia de la gastronomía peninsular, así como de muchas regiones de Europa, África y América Latina, sobre todo de la gastronomía venezolana. Hay una enorme variedad de sabores dependiendo de cada isla. Algunos expertos aseguran que existen más de 20 mojos canarios distintos. En Tenerife, por ejemplo, es normal emplear azafrán en su preparación, mientras que en el norte de La Palma suelen utilizar almendras. En El Hierro se toma el mojo con queso. Por eso no existe una única receta. De todas formas, los mojos más populares son el verde, que lleva cilantro, y el rojo o "picón", que es muy picante. Los ingredientes básicos de todos ellos son el aceite, el vinagre, el ajo y la sal gorda. Además, según el tipo, suelen llevar pimentón dulce o picante, comino y picona, que es una especie de pimiento picante originario de las Islas.

3h Suchen Sie in der Übung 3g die passenden Wörter, um Folgendes auszudrücken.

Sie möchten sagen, ...

1. ... dass die Mojo-Soße normalerweise viele Gerichte begleitet.

   ____

2. ... dass das Wort „mojo" aus dem Portugiesischen stammt.

   ____

3. ... dass es eine große Vielfalt an Rezepten gibt.

   ____

4. ... dass es auf Teneriffa üblich ist, Safran für die Mojo-Sauce zu verwenden.

   ____

5. ... dass diese Soße für gewöhnlich Paprikapulver und Kreuzkümmel enthält.

   ____

3i Teilen Sie auch Ihre Kenntnisse! Mithilfe der Stichpunkte erstellen Sie einen kurzen Text für Ihre Kollegen/innen im Spanischkurs.

Götterspeise – Alimento de los dioses

Schon vor 1400 Jahren → die Mayas in Mittelamerika „chocol haa" (Kakao, *cacao*) anbauen (*cultivar*). Später → die Azteken herausfinden: man kann die gemahlenen (*molidos*) Kakaobohnen (*granos de cacao*) trinken. Sie nennen ihr Getränk „xocolatl". Von diesem Wort kommt unsere „Schokolade", auf Spanisch *chocolate*. Aber → wertvoll für Mayas und Azteken → normalerweise Schokolade zu den Festen gewürzt mit Chili oder Pfeffer servieren. Außerdem → sie verwenden die Kakaobohnen auch wie Geld.

Als die Spanier das Land erobern (*conquistar*), den Kakao probieren. Leider viel zu bitter für sie! Deswegen Vanille und Honig zum Kakao hinzufügen. Mit großen Schiffen die Kakaobohnen nach Europa bringen. Am Anfang in Europa → nur die reichen Leute Schokolade trinken, weil Produktion und Honig teuer. Heute: noch Milch, Zucker und Kakaobutter zu dem Getränk mischen. Und allen schmeckt Schokolade!

B Tuvimos muchos problemas

B1 Habíamos decidido ir de vacaciones

1a **Nadia hat einen Urlaubsbericht (Seiten 20 und 21) für einen Reiseblog geschrieben. Leider hat sie die Fotos dazu nicht nummeriert und außerdem ein Foto zu viel geschickt. Helfen Sie der Online-Redaktion, die Fotos in die richtige Reihenfolge zu bringen und das überflüssige Foto zu löschen.**

Nadia

Rutas y caminatas con burros. Una maravilla, pero...

Hola a tod@s. Si estáis buscando un viaje lleno de sorpresas, os contamos cómo nos fue a nosotros en nuestras pasadas vacaciones rurales... ¡y con burros! El año pasado mi marido y yo nos habíamos planteado hacer unas vacaciones de tipo *slow travel* para salir de la ciudad y disfrutar del campo. Siempre habíamos soñado con ir a Segovia y recorrer la Sierra de Guadarrama. Después de buscar mucho en Internet, al final nos decidimos por una ruta de senderismo un poco especial: cinco días durmiendo en casas rurales y acompañados de dos burros preciosos. Tuvimos suerte porque encontramos una agencia que alquilaba estos maravillosos animales. Nada más llegar a Pedraza, nuestro punto de partida, hicimos un curso rápido para conocer a nuestros nuevos compañeros y saber cómo debíamos comportarnos con ellos. Al principio todo fue muy bien, aunque mi burro –que se llamaba Toni– enseguida se dio cuenta de que yo no tenía ninguna experiencia y de que, para ser sinceros, le tenía un poco de miedo (el animal era superdócil, el único problema era yo...). En fin, que guiar a Toni no fue fácil, vamos, que el burro hacía lo que quería... Por ejemplo, a veces se paraba para descansar o para comer, y yo no podía hacer nada. Lorenzo, mi marido, tenía un burro de mejor carácter, pero él también tenía que prestar mucha atención todo el tiempo y concentrarse, sobre todo porque algunos caminos estaban en malas condiciones o incluso a veces no se podía seguir porque había plantas caídas o árboles que bloqueaban el paso.

Para colmo, el tercer día de repente el cielo se cubrió de nubes, se puso a llover y empezó una fuerte tormenta. Por eso, y porque nos habíamos quedado solamente con un móvil porque el mío se había roto, decidimos interrumpir el viaje. Los organizadores fueron muy amables, vinieron a buscarnos a nosotros y a los burros, y nos llevaron a Pedraza. A pesar de todo fue una experiencia muy bonita, pero un poco improvisada. Si es la primera vez que hacéis un viaje de este tipo, como fue nuestro caso, os aconsejo reservar un *tour* guiado para familiarizarse con las condiciones y con los animales. Y sobre todo porque estas agencias conocen bien la zona y saben cómo resolver posibles incidencias mejor que nosotros.

1b Lesen Sie den Bericht noch einmal und beantworten Sie die folgenden Fragen.

1. ¿Qué tipo de vacaciones querían hacer Nadia y su marido Lorenzo?

____

____

2. ¿Qué hicieron cuando llegaron a Pedraza?

____

____

3. ¿De qué se dio cuenta Toni rápidamente?

____

____

4. ¿Por qué interrumpieron el viaje Nadia y Lorenzo?

____

____

5. ¿Qué consejo da Nadia?

____

____

1c Lesen Sie den Blog-Beitrag auf den Seiten 20 und 21 noch einmal. Welche Zeiten der Vergangenheit verwendet Nadia, um die in der Tabelle angegebenen Handlungen auszudrücken? *Pretérito indefinido, imperfecto* oder *pluscuamperfecto*? Unterstreichen Sie die Zeiten im Text mit den hier angegebenen Farben (grün / rot / blau) und schreiben Sie passende Beispiele sowie die Zeitform in die Tabelle.

1. Handlungen und Vorgänge, die vor anderen Handlungen in der Vergangenheit abgelaufen sind:

Zeitform: *pretérito pluscuamperfecto*

Beispiele im Text: *nos habíamos planteado,* ______________________

____

2. Handlungen, die abgeschlossen sind bzw. nacheinander stattfinden oder plötzlich eintreten, und keinen Bezug zur Gegenwart haben:

Zeitform: ______________________

Beispiele im Text: *encontramos,* ______________________

____

____

3. Handlungen, die im Hintergrund ablaufen oder die eine Gewohnheit ausdrücken:

Zeitform: ______________________

Beispiele im Text: *alquilaba,* ______________________

____

____

1d Ergänzen Sie nun die Reiseerlebnisse hier und auf Seite 23 oben mit den passenden Verbformen.

habían cerrado • fue • impresionó • estaba • era • fuimos • íbamos • abrió • había estado • pasamos • contaba • preparó • descubrimos • gustó • teníamos • intentamos

1. Nadia y yo ______________ por un camino bastante solitario, cuando de repente ______________ un antiguo castillo que ______________ muy bien conservado. ______________ entrar pero no ______________ posible. ¡Qué pena!

2. Aunque ya era tarde y ______________________ el bar, el dueño lo ______________________ para nosotros y nos ______________________ unos bocadillos riquísimos.

3. Como una de las casas rurales ______________________ muy antigua y no ______________________ con demasiadas comodidades, ______________________ la última noche en un hotel.

4. En Segovia ______________________ solamente al acueducto, porque ______________________ poco tiempo. Pero realmente nos ______________________. ¡Qué obra tan interesante y tan antigua! Es de la época romana.

5. Yo ya ______________________ hacía muchos años en la Sierra de Guadarrama, pero Lorenzo no, y desde luego le ______________________ mucho.

1e Sie haben auch eine Reise gemacht und möchten – von Nadias Bericht inspiriert – ebenfalls einen Blog-Beitrag schreiben. Die folgenden Angaben helfen Ihnen dabei.

- Letzten Sommer eine Reise beschlossen: Juli / fünf Tage / Segelboot / Mallorca / mit einem befreundeten Paar.
- Am Anfang: Reise in Ordnung, auch wenn ein wenig Wind + bedeckter Himmel.
- Am dritten Tag: Wetter hat sich geändert. Als wir plötzlich schwarze Wolken gesehen haben → Rückfahrt nach Palma beschlossen.
- Hafen schon vor uns: plötzlich starkes Gewitter → Wasser im Boot festgestellt!
- Nicht zu lange gewartet → Anruf: Centro de Salvamento → Grund: Angst! *(miedo)*
- Socorristas del Centro de Salvamento sofort gekommen: mit ihrer Hilfe Rückkehr in den Hafen.
- Uns ist diesmal nichts passiert, aber wir waren wirklich nicht vorsichtig. Tipp: sich nicht wie wir verhalten. Wettervorhersagen beachten und Telefonnummer des Centro de Salvamento immer dabei haben!

velero

El verano pasado ______________________

____

____

B2 Una mochila muy ligera

2a **Bei der Vorbereitung der Reise (siehe Seite 20 und 21) hat Nadias Schwester Irene mitgeholfen. Lesen Sie die Nachricht, die Nadia ihr hinterlassen hat und schreiben Sie die Namen der Reiseaccessoires unter die passenden Fotos. Welche dieser Gegenstände haben am Ende nicht ihren Weg in Nadias Gepäck gefunden?**

Hola Irene, las botas son muy necesarias para el camino, muchas gracias por prestármelas. Pero la lámpara de campin no nos hace falta, porque nos alojaremos en casas rurales, así es que no me la llevo. El espejo tampoco, no quiero que se rompa. Además, es un viaje en el campo y en burro... ¡a quién le importa la belleza! ☺ ¡Ah!, los bastones sí que me los llevo, porque si tenemos que bajar de algún monte no me van a venir mal para apoyarme. El plumífero también, a lo mejor refresca por las noches. Tu mochila roja es estupenda porque pesa mucho menos que la mía, muchas gracias, me la llevo. ¿Y la manta...? La verdad es que ocupa mucho y no vamos a dormir fuera, quizás mejor la dejo aquí. Para el aseo personal necesito un peine, jabón y champú. Voy a meterlo todo ya en la mochila, porque, si no, al final se me olvida. ¿Qué más? ¿Cerillas? Lorenzo lleva su mechero, así es que mejor no nos las llevamos. ☺ Lo que no me va a hacer falta en este viaje es el cuaderno para escribir y dibujar... ¡Qué pena! Ya sabes que me encanta hacer dibujitos y tomar notas cuando voy por ahí. Pero no creo que tengamos demasiado tiempo por el camino.

1. *mochila,* ____________

2. ____________

3. ____________

4. ____________

5. ____________

6. ____________

7. ____________

8. ____________

9. ____________

2b Lesen Sie den Notizzettel auf Seite 24 noch einmal und entscheiden Sie, ob die folgenden Punkte dort enthalten sind oder nicht.

	sí	no
1. Las botas son de una amiga de Nadia.	☐	☐
2. Nadia quiere llevarse más cosas que Irene no tiene.	☐	☐
3. A Nadia no le importa estar guapa o no en el viaje.	☐	☐
4. Irene tiene un accesorio que pesa menos que el de Nadia.	☐	☐
5. En otros viajes Nadia ha escrito y dibujado sus experiencias.	☐	☐

2c Lorenzo ist im Internet auf der Suche nach Camping-Bedarf für den nächsten Urlaub. Der Online-Shop scheint aber technische Probleme mit der Darstellung seiner Angebote zu haben. Können Sie die Beschreibungen mit den folgenden Wörtern ergänzen?

~~rectangular~~ • triangular • madera • altura • plástico • algodón • cartón • tejido • redondo • anchura

www.accesorios-de-campin.es

Cojín *rectangular*, pequeño (30 x 20), de ______________ puro.

Leer más →

Llavero de ______________, ______________ y ligero, ideal para los amantes de la naturaleza.

Leer más →

¡OFERTA DEL MES!

Tienda de forma ______________, en ______________ resistente al agua, solo € 109,99. Ligera y de fácil montaje.
______________: 80 cm
profundidad: 160 cm
______________: 200 cm

Leer más →

Baraja española, de ______________ reciclado, buena calidad.

Leer más →

Chanclas para la piscina. De ______________, prácticas y cómodas. En varios colores.

Leer más →

2d Lorenzo interessiert sich schließlich für eine LED-Leselampe und folgt dem Link. Die technischen Probleme der Website dauern aber an: Die ganze Produktbeschreibung ist durcheinandergeraten! Bringen Sie den Text wieder in die richtige Reihenfolge.

www.accesorios-de-campin.es/lampara LED

- [ ] sustituir la batería. Un año de garantía. En caso de problemas,
- [1] Extraligera y muy resistente, la lámpara de lectura *Pluma* pesa
- [ ] altura ocupa menos que un libro. Cabe perfectamente
- [ ] leer, escribir o trabajar porque se fija cómodamente
- [ ] de luz continua. Muy práctica porque no se necesita
- [ ] en cualquier bolso o maleta. Ideal para
- [ ] le devolvemos el dinero o se la cambiamos por otra.
- [ ] solo 80 gramos y con sus 15 centímetros de
- [ ] a cualquier superficie. Con la batería completa están aseguradas 7 horas

2e Ein Freund von Ihnen räumt den Keller seiner spanischen Ferienwohnung aus und will zwei Gegenstände auf einer spanischen Website verkaufen. Helfen Sie ihm bei der Übersetzung der Kleinanzeigen. Die folgenden technischen Daten hat er Ihnen geschickt.

Zelt: 2 Plätze, rund, braun und grün, wind- und regenfest / wie neu, nur € 65. Schneller Aufbau. Besonders praktisch mit nur 3,5 kg Gewicht. Höhe: 110, Breite: 145, Tiefe: 205.

Robuster und praktischer Campingschrank, rechteckig, Farbe Grau, aus Holz und Metall, super Qualität. Leicht zu transportieren (er wiegt nur 6,9 kg) Höhe: 95, Breite: 60; Tiefe: 52. Preis: € 54

Vendo ____________________

____

____

____

B3 Ruego me rembolsen el dinero

3a Lorenzo hat sich die Angebote in Übung 2c und 2d online angesehen. Doch was ist mit den guten alten Prospekten? Wie erreicht man heutzutage die Kunden am besten? Welche der beiden folgenden Aussagen trifft Ihrer Meinung nach auf das Thema Werbung zu?

☐ ① Hoy en día, la publicidad es principalmente de tipo digital y se realiza en línea, a través de redes sociales o en televisión. Ya no se usan los folletos o catálogos impresos.

☐ ② Aunque en la actualidad la publicidad es sobre todo digital y está presente en las redes sociales, muchas empresas todavía anuncian sus productos en la televisión, en folletos publicitarios o en revistas.

3b Lesen Sie jetzt diese Pressemeldung zum Thema Werbung. Welche Position wird hier vertreten? Liegen Sie mit Ihrer Einschätzung oben richtig?

¿VIRTUAL O IMPRESA? LA PUBLICIDAD HOY

Economía

Actualmente, el comercio en línea está muy extendido: todo se puede comprar o vender por Internet. ¿Pero cómo encuentran los clientes los productos que buscan? Muchos los descubren en las pausas publicitarias de la televisión, otros navegan en Internet y hacen clic en los anuncios en línea. Pero también se observa que hay muchas personas que prefieren tener en la mano los folletos o catálogos impresos que siguen llegando diariamente a nuestros buzones. Naturalmente es posible que la situación cambie en el futuro, sobre todo por respeto al medio ambiente. Pero de momento, parece que la mejor estrategia de márquetin de algunas empresas es unir ambos canales: la realidad digital de Internet y la realidad más familiar del papel impreso.

Eine Vermutung äußern: ***es posible que / es probable que + Subjuntivo***
Es posible que la situación **cambie** en el futuro.
Es probable que los clientes solo **compren** por Internet.

3c Der Journalist, der die Pressemeldung auf Seite 27 geschrieben hat, hatte bei der Vorbereitung auf das Thema einige Beobachtungen und Vermutungen formuliert, die er dann weggelassen hat. Was wollte er ursprünglich schreiben?

~~la situación cambie en el futuro.~~ • cada vez la gente compre más en línea. • las pequeñas tiendas de los barrios están teniendo cada vez más problemas. • a las personas mayores les cueste comprar cosas en Internet. • la mayor parte de las tiendas tienen una página web. • un sistema de publicidad mixto (papel + web) es más eficaz. • la publicidad en papel sea más cara.

Es posible que / Es probable que…

la situación cambie en el futuro.

____

____

____

____

____

____

Se observa que…

____

____

____

____

____

____

____

3d Online kaufen ist nicht immer ganz ohne ... Welche Probleme aus der folgenden Liste werden hier dargestellt? Achtung: In der Auswahl gibt es ein Problem mehr, als Fotos vorhanden sind!

paquete entregado en una dirección equivocada • embalaje dañado • retraso en la entrega • mercancía equivocada o defectuosa

1. ______________________

2. ______________________

3. ______________________

3e Erinnern Sie sich an die Leselampe *Pluma* aus Übung 2d (Seite 26)? Lorenzo hat die Lampe online gekauft, aber es ist etwas schiefgelaufen. Lesen Sie, was er dem Online-Shop schreibt und helfen Sie ihm dann, unten das Formular für die Rückerstattung auszufüllen.

de: lorenzo.ruiz@post.es
a: info@accesorios-de-campin.es
Asunto: Reclamación pedido Nr. 493439
lámpara_equivocada.jpg

Estimados señores:

El pasado 27 de abril compré en su página web la lámpara Pluma (pedido Nr. 493439 / pago efectuado con tarjeta de crédito).

Por desgracia tengo que comunicarles que desde el primer momento hubo problemas con el envío. En primer lugar, el paquete llegó con mucho retraso (tenía que llegar después de cuatro días y lo recibí tres semanas más tarde). Además, el embalaje estaba bastante dañado. Y por último, cuando abrí el paquete resulta que no era la lámpara que había pedido yo, sino que me enviaron la lámpara Mina (mire la foto en el anexo) en lugar de la lámpara Pluma. Como ha habido tantos problemas con el envío y dado que he tenido que esperar demasiado, no deseo que me manden otra lámpara, sino les ruego que me rembolsen el dinero. Hoy mismo les devolveré la mercancía con el formulario impreso y rellenado por mí.

Muchas gracias por su atención y quedo a la espera de su respuesta.

Atentamente,
Lorenzo Ruiz Montoro

Fecha del pedido: ______________________

Número del pedido: ______________________

Lámpara Mina
Color: antracita
Precio: € 95,00

Motivo de la devolución:
- ☐ El artículo no me gusta.
- ☐ No es el artículo correcto.
- ☐ El artículo es defectuoso.
- ☐ El embalaje estaba dañado.
- ☐ otros: ______________________

3f Wie sagt man es auf Spanisch? Suchen Sie in Lorenzos E-Mail auf Seite 29 die passenden spanischen Ausdrücke, ...

1. ... um eine formelle E-Mail / einen formellen Brief zu beginnen und zu beenden:

____

2. ... um die Beschreibung des Problems einzuleiten:

____

3. ... um eine Aufzählung zu machen:

____

4. ... um das eigene Anliegen vorzutragen:

____

5. ... um das eigene Anliegen zu begründen:

____

6. ... um sich für die Aufmerksamkeit zu bedanken und um zu betonen, dass man auf eine Reaktion wartet:

____

3g Sie haben ein vermeintliches Schnäppchen in einem spanischen Online-Shop erstanden. Leider war nicht alles einwandfrei und Sie möchten die Lieferung reklamieren. Schreiben Sie mithilfe der Angaben und Lorenzos E-Mail auf Seite 29 die Reklamation.

- Artículo: botas de senderismo para mujer, marca YZeta, pedido Nr. 493439 → regalo de Navidad para mi mujer
- Problemas: 1. llegada del envío con dos semanas de retraso; 2. dejaron el paquete en la calle, delante del portal; 3. número de pie equivocado
- Dado que demasiados problemas y mucho retraso → no cambio por otro artículo sino completo rembolso del dinero → botas + formulario hoy mismo a la empresa

Estimados señores:

El pasado 10 de diciembre compré en su tienda online ______________________________

____

____

____

C Consejos de convivencia

C1 Distintas formas de ver la vida

1a **Die Journalistin Alicia muss zu den unten stehenden Zitaten in ihrer Reportage über die verschiedenen Aspekte des Zusammenlebens noch passende Titel finden. Zu welchen Titeln aus der Liste würden Sie ihr raten? Ergänzen Sie.**

Vivir en el mismo edificio: dificultades entre las generaciones • ¿Cuántos estilos de vida distintos hay en tu familia? • Abuelos y nietos: juntos y felices • Los retos de las familias multiculturales • ¡Qué poco costaría llevarse bien con los vecinos!

A ______________________________

«Tengo 45 años» –cuenta Felipe– «y he descubierto el reguetón hace tan solo un año gracias a mi hijo... Antes no había tanta diferencia entre la forma de vida de las distintas generaciones. Mi padre no tenía un estilo de vida muy diferente al mío. Hoy en día es otra cosa. Incluso dentro de la misma familia la brecha generacional es enorme y a veces afecta a la convivencia».

B ______________________________

«He ido aprendiendo poco a poco a convivir con esta familia», afirma Pablo. «No ha sido fácil porque al principio los hijos de Bettina no me aceptaban ni a mí ni a mi hija. Creo que no querían relacionarse con nosotros. Además, había un problema cultural: nosotros, españoles, y ellos, alemanes. Con el tiempo nos conocimos mejor y la situación mejoró con paciencia y comprensión mutua. Ahora puedo decir que tenemos una buena relación, pero... ¡cuánto nos ha costado!»

C ______________________________

Según la abogada Susana Giménez, las "inmisiones" son la primera causa de litigio entre vecinos. Es decir, los olores y ruidos que llegan de otros pisos y que molestan a los demás. Un caso típico son los olores de comida debidos en ocasiones a ingredientes exóticos o poco usados en la cocina tradicional, o los ruidos de pasos del piso de arriba o de tareas domésticas en horarios no adecuados. El segundo lugar lo ocupan las discusiones por el aparcamiento o por las zonas comunes, por ejemplo, las plantas de las escaleras o la basura que dejan algunos vecinos durante horas delante de la puerta. En algunos casos, estos litigios duran años. «Es realmente una pena», concluye Susana Giménez, «porque con un poco de respeto se podrían evitar estos problemas y los gastos derivados de ellos».

1b Lesen Sie die Erfahrungen von Felipe, Pablo und der Anwältin Giménez auf Seite 31 noch einmal. Welche Aussagen dazu sind richtig und welche falsch?

	verdadero	falso
1. La formas de vida de Felipe y de su padre eran parecidas.	☐	☐
2. Felipe le ha enseñado a su hijo nuevos géneros musicales.	☐	☐
3. Al principio, la relación de Pablo con la familia de Bettina era armoniosa.	☐	☐
4. Pablo fue comprensivo y paciente, y eso ayudó a la relación.	☐	☐
5. Según la abogada, los olores de los platos picantes molestan a los vecinos.	☐	☐
6. Un problema de las comunidades de vecinos es el ruido.	☐	☐

1c Mit welchen Schlagwörtern könnte Alicia die Beiträge von Seite 31 in der Datenbank der Redaktion verlinken? Ordnen Sie die folgenden Vorschläge zu (Mehrfachangaben sind möglich).

familia ensamblada • vivir en una comunidad de vecinos • brecha generacional • vecinos molestos • convivencia de distintas generaciones • familias de varias nacionalidades

A *brecha generacional,* ______________________

B ______________________

C ______________________

1d Alicia muss selbst gerade eine Herausforderung in ihrem familiären Umfeld meistern. Lesen Sie den Chat mit ihrem Freund Mauricio und überlegen Sie, welche der in Übung 1a beschriebenen Situationen derjenigen von Alicia ähnelt. Unterstreichen Sie dabei im Chat die Aussagen, die Ihnen helfen, ihr Problem zu verstehen.

¡Hola, Alicia! ¿Qué tal el encuentro?

Bastante bien, creo. Los chicos me parecieron bastante simpáticos pero supertímidos. Y mi hijo, pues muy serio y tenso durante toda la cena.

Es normal. Imagínate la situación: es la primera vez que te presentan a tus nuevos hermanos, que son adolescentes, hablan otro idioma y llevan una vida completamente diferente a la tuya.

Sí, es verdad. Pero tengo miedo de que surjan problemas en las relaciones.

¡Tranquila! Ya verás que todo irá mejor con el tiempo.

Y además, metí la pata... 🙁

¿Qué pasó?

Pues que John me había dicho que sus hijos no comen carne ni de ternera ni de cerdo. ¿Y a que no sabes lo que preparé? ¡Pues, de primero, para picar, una tabla de jamón ibérico!

Bueno, pero seguramente había más cosas, ¿no?

Sí, menos mal, pero me sentí fatal. ¡Pusieron una cara cuando vieron el jamón...! 🤭

Jajaja... Perdona que me ría... Pero de verdad que no importa, no es tan grave.

Ay... tengo miedo de hacer algo mal y de no entender a estos chicos. Me preocupa que no se encuentren bien con nosotros. No sé, tengo que acostumbrarme a su forma de vida y a sus gustos. Por cierto, también a los de John, si te soy sincera.

Es una cuestión de tiempo, Alicia, ¡no te preocupes!

Sí, lo sé. Debo tener paciencia.

1e Lesen Sie den Chat noch einmal. Wie lauten die korrekten Fortsetzungen der folgenden Aussagen?

1. A Alicia le da miedo que
   - ☐ los hijos de John no la entiendan.
   - ☐ a ellos no les guste su comida.
   - ☐ haya dificultades en la convivencia.
2. A Alicia le preocupa que
   - ☐ su pareja no trate bien a su hijo.
   - ☐ los hijos de su pareja no estén a gusto con ella y su hijo.
   - ☐ los hijos de su pareja no coman carne.
3. Mauricio piensa que
   - ☐ la situación mejorará en el futuro.
   - ☐ ahora Alicia tiene un gran problema.

1f Wie hat Alicia ihre Befürchtungen ausgedrückt? Wie hat Mauricio sie beruhigt und wie hat er die befürchteten Konsequenzen abgeschwächt? Suchen Sie im Chat auf den Seiten 32 und 33 die passenden spanischen Ausdrücke, um ...

1. ... eine Befürchtung zu äußern: ______________________________
2. ... jemanden zu beruhigen: ______________________________
3. ... die befürchteten Konsequenzen eines Ereignisses / einer Aussage abzuschwächen:

____

1g Mauricio und Alicia haben weiter gechattet. Ordnen Sie ihren Nachrichten die passenden fehlenden Ausdrücke zu.

empecemos a discutir • importa • no conseguir • ~~no me dé suficiente tiempo~~ • te preocupes • afecte a vuestra relación de pareja • no se sienta bien

Pues, mira, para empezar tengo miedo de que John *no me dé suficiente tiempo* para acostumbrarme a la nueva situación y que además nosotros ______________________ por culpa de los chicos.

O sea, ¿tienes miedo de que eso ______________________?

No, no, pero obviamente me preocupa bastante que mi hijo ______________________ con John y sus hijos. Vamos, que tengo miedo de ______________________ un ambiente familiar agradable y normal.

Pero, por favor, ¡no ______________________! Si quieres nos vemos mañana y seguimos charlando un poco, ¿vale?

¡Ay, Mauricio, perdona, pero estos días no tengo tiempo! 🙁

Bueno, da igual, ¡no ______________________! Lo intentaré la semana que viene. 🙂

1h Alicia hat auf einer Ratgeber-Website Tipps von Personen gelesen, die sich in einer ähnlichen Situation wie sie befinden. Sie hat sich dazu ein paar unordentliche Notizen gemacht. Können Sie die Notizen in eine sinnvolle Ordnung bringen?

Sobre todo al principio hay que dedicarle

de las necesidades de la pareja.

y prestar atención a la calidad del tiempo juntos.

Es fundamental no olvidarse

Es importante organizar y repartir

más tiempo a la familia.

Además es necesario ser comprensivos con

bien las tareas domésticas entre todos.

los intereses y problemas de los jóvenes.

Habría que pasar más tiempo con los hijos

Sobre todo al principio hay que dedicarle...

1i Schreiben Sie jetzt weitere Tipps in die Kommentare der Ratgeber-Website. Hier sind ein paar Ideen, jetzt geht es noch darum, sie auf Spanisch zu formulieren.

- Man muss die Hausarbeiten unter allen besser aufteilen, so ist sofort klar, wer was macht.
- Es ist wichtig, tolerant und geduldig zu sein.
- Wenn ein Verhalten nicht in Ordnung ist, sollte man das nicht verschweigen, aber man muss auch nicht sofort streiten: man müsste es zusammen freundlich, aber entschieden besprechen.

Hola a tod@s: Me gustaría compartir con vosotr@s algunos consejos que pueden resultaros útiles en mi opinión. Para empezar, hay que repartir...

C2 Estamos muy contentos

2a Als Teil eines Projekts zur Sensibilisierung rund um das Thema Recycling ist der folgende Bericht auf einer Schulwebsite entstanden. Mehrere Schülerinnen und Schüler haben den Text zusammen verfasst, er muss aber noch in die richtige Reihenfolge (1 bis 5) gebracht werden.

☐ Pero en el proyecto también se habló de la reutilización y "segunda vida" de los objetos. Con la ayuda de nuestra profesora recogimos botellas usadas, las lavamos bien e hicimos lámparas que funcionan estupendamente.

☐ También nos dimos cuenta de que hay gente que aún no sabe cómo se recicla correctamente. Por ejemplo, ¿dónde se tira el cartón de una pizza cuando está sucio?, ¿en el cubo para el papel o en el de la basura general?

☐ Desde hace unas semanas tenemos un tema nuevo en clase: "La basura en las ciudades". Se trata de reflexionar sobre las formas para reducirla y así ayudar a mejorar la vida no solo de nuestros barrios sino también de todo el planeta. Basta con pasear por algunas calles para ver que no siempre las aceras están limpias, ya sea porque las papeleras o los contenedores están llenos y la gente deja la basura en el suelo, o bien porque muchas personas tiran papeles y botellas en cualquier parte.

☐ ¡Esa parte del proyecto nos encantó! Cada uno diseñó una lámpara y se la llevó a su casa. Ahora todos tenemos una lamparita reciclada en la mesilla de noche, que nos recuerda la importancia de respetar y conservar el medio ambiente.

☐ Además de eso, muchos ciudadanos tiran en los contenedores generales de las calles residuos que deberían ir a contenedores especiales. Para resolver todas estas dudas, fuimos al Ayuntamiento. Allí nos explicaron el sistema de los contenedores y el significado de los colores: el contenedor gris es para los residuos orgánicos; el amarillo, para los plásticos, tetrabrik y metal; el azul, para el papel y el cartón limpio, es decir, no el de la pizza. Y por último el contenedor verde para el vidrio de uso alimenticio.

2b Welche der Fotos hier und auf Seite 37 oben passen zu welchem Punkt des Beitrags in Übung 2a? Ordnen Sie zu, indem Sie die entsprechenden Passagen im Text markieren. Zu einem Punkt gibt es kein Foto!

2c Einige Leserinnen und Leser haben den Bericht kommentiert. Wer von ihnen hat den Artikel nur oberflächlich gelesen und greift auf eine falsche Information zurück? Warum?

Luis
¡Excelente proyecto! Me alegra que las escuelas se encarguen de educar a los jóvenes en el respeto al medio ambiente. Cuando yo tenía su edad, no se hablaba de estos temas.

Marta
Creo que los chicos han escrito un buen artículo. Es una pena que las calles del centro estén tan sucias. ¿Qué imagen damos a los turistas? Espero que el Ayuntamiento empiece a moverse un poco para resolver el problema.

Julia
Me molesta que se hable tanto de los aparatos antiguos y pasados de moda como objetos de arte. Una lámpara para la mesita de noche hecha con una botella vieja es una idea bastante absurda y poco higiénica en mi opinión. ¿Por qué no hacer manualidades más bonitas en la escuela?

Fernando
Me encanta que la escuela se ocupe por fin de problemas actuales y salga a la calle. Tengo dos hijos adolescentes y no me gusta que vivan en una ciudad tan sucia como la nuestra. Espero que las nuevas generaciones disfruten de un ambiente más sano.

2d Lesen Sie die Kommentare noch einmal. Wie drücken die Leserinnen und Leser darin ihre Gefühle und Hoffnungen aus? Ergänzen Sie die Ausdrücke und danach die Info-Box.

Sentimientos positivos: *Me alegra que …,* ______

Sentimientos negativos: ______

Esperanza: ______

Nach Verben und Wendungen, die Gefühle oder Hoffnung ausdrücken, wird im Spanischen ☐ der Indikativ ☐ der **Subjuntivo** verwendet.

2e In einer Chatgruppe tauschen sich die Schülerinnen und Schüler über ihre Erfahrungen aus. Ergänzen Sie die Verben in Klammern in der richtigen Form.

Javier Estoy contento de que nosotros *nos ocupemos* (ocuparse) de estos temas, ¡son muy interesantes!

Laura Es una pena que no todos ______________ (respetar) el medio ambiente y a los animales.

Iker Me alegra que mis vecinos ahora ______________ (tirar) los residuos en el contenedor adecuado. 🙂

Victoria Yo veo todavía mucha basura por ahí tirada... Es muy triste que nadie ______________ (buscar) soluciones reales a los problemas.

Santi Por fin un trabajo de clase divertido. 🙂 Espero que la profe de "Mates" nos ______________ (proponer) un proyecto parecido.

2f Sie leiten Ihrem spanischen Freund Sergio den Link der Schülerwebsite von Seite 36 weiter und schreiben dazu eine kurze Nachricht, indem Sie den unten stehenden Stichpunkten und den Erkenntnissen aus Übung 2d folgen.

- enlace de una página web → he encontrado por casualidad
- autores → jóvenes de un instituto; mi opinión: el artículo está muy bien escrito
- me alegra → los chicos ser tan activos + en las escuelas discutir este tema
- ser muy triste → todavía no mucha gente preocuparse por el medio ambiente
- (yo) esperar → con el tiempo mejorar la situación en el mundo + en todas partes la gente aprender a respetar y preocuparse por el medio ambiente

Hola, Sergio:

Mira, te mando el enlace de una página web que ______________

____

____

____

____

C3 Un barrio inteligente

3a Eine Großstadt hat Vor- und Nachteile. In Kapitel C2 ging es um das Problem der städtischen Abfallentsorgung. Welche anderen Probleme gibt es in Großstädten häufig? Lesen Sie die Liste und unterstreichen Sie.

amplia oferta cultural • contaminación del aire • posibilidades de trabajo • pocas zonas verdes • contaminación acústica • falta de vivienda • muchos servicios e infraestructura • pocas zonas de aparcamiento • alquileres de viviendas muy caros • muchos teatros y cines • tráfico intenso con atascos • conexiones ferroviarias y aéreas • vida tradicional y conservadora • delincuencia e inseguridad ciudadana

3b Lesen Sie jetzt die folgende Ankündigung, die auf der Homepage einer spanischen Großstadt erschienen ist. Welche der Probleme aus Übung 3a werden hier angesprochen?

¿Nuestra ciudad? ¡Un lugar "inteligente"!

Nuestro objetivo desde hace años es mejorar los servicios para nuestras ciudadanas y nuestros ciudadanos, además de las empresas e instituciones locales, gracias principalmente a las soluciones digitales. Estamos realmente muy orgullosos de presentarles nuestro nuevo proyecto: "Ciudad Natura", un barrio inteligente, para promover una vida más saludable y segura.

Una vez superados los graves niveles de contaminación que lamentablemente sufrió nuestra ciudad hace unos años, nuestro primer objetivo fue encontrar soluciones para mejorar rápidamente la calidad del aire y limitar el impacto del tráfico excesivo, sobre todo en los meses de invierno. Por eso, a partir del próximo mes de marzo solo podrán circular por el centro los autobuses, motos o coches eléctricos, o bien las bicicletas. Para conseguir este objetivo hemos creado un sistema de carriles bici que une los barrios periféricos con el centro. Además ponemos a disposición de los ciudadanos un servicio de *car sharing* o alquiler de coches eléctricos por horas. La reserva puede hacerse cómodamente con una aplicación. Para la salud y el bienestar de todos hemos diseñado una amplia zona verde: el parque de las Flores, un oasis para grandes y pequeños en el sur del nuevo conjunto urbanístico. El parque cuenta con 8 pistas deportivas y un mercado "kilómetro cero", abierto viernes y sábados. En todo el barrio hay wifi gratuito y videocámaras para que los habitantes puedan moverse tranquilamente por sus calles. Y por último, el nuevo centro cultural Picasso, dedicado a manifestaciones culturales de todo tipo. Información y reservas aquí Oficina de comunicación. *Ciudad inteligente*

Problemas: ______________________________

3c Lesen Sie die Ankündigung auf Seite 39 noch einmal und vervollständigen Sie die Tabelle mit den Informationen, die Sie dort zu den folgenden Themen finden.

Movilidad	*servicio de alquiler de coches eléctricos por horas,*
Seguridad	
Salud y tiempo libre	
Encuentros culturales	
Wifi	

3d Lesen Sie den Text auf Seite 39 ein weiteres Mal und suchen Sie darin die Adverbien auf *-mente*, die den folgenden Ausdrücken entsprechen.

1. deprisa: *rápidamente*
2. de verdad: ________
3. de forma tranquila: ________
4. sobre todo: ________
5. con comodidad: ________
6. por desgracia: ________

Die Adverbien auf *-mente*

Sie drücken meist die Art und Weise einer Handlung aus und werden von der femininen Form der Adjektive auf **-o** abgeleitet:

rápido → rápida → rápid**amente**

Bei Adjektiven auf anderen Vokalen oder auf Konsonant wird **-mente** einfach angehängt:

amabl**e** → amable**mente** / fáci**l** → fácil**mente**

3e In einem sozialen Netzwerk wird den Bürgerinnen und Bürgern der Stadt die Möglichkeit gegeben, sich über die neuen Entwicklungen auszutauschen. Die ersten Kommentare sind bereits eingegangen. In der Stadtverwaltung beobachtet man das Feedback interessiert. Ergänzen Sie unten die Notizen, die sich der Referent für die Stadtentwicklung gemacht hat.

Montse
¿Pero habéis leído esto? ¡Es increíble! Construyen un nuevo centro cultural, con salas modernísimas y no piensan en la gente normal y corriente, que casi no llega a fin de mes y que tiene que pagar alquileres demenciales por pisos pequeños y antiguos. La vida de nuestra ciudad no mejorará si el Ayuntamiento no hace nada para ayudar a los ciudadanos que más lo necesitan, si no hace algo por ellos.

José Luis
No estoy de acuerdo contigo. ¡El parque nuevo es precioso! ¿Has estado ya allí? Y es un parque para todo el mundo, para hacer deporte o simplemente para disfrutar paseando por sus jardines. Yo estuve allí ayer por la mañana. ¡Es un lujo correr sin coches!

Juan
¿Y cuánto ha gastado el Ayuntamiento en este barrio "inteligente"? Para mí, sería más inteligente arreglar las calles, porque a veces no se puede andar por las aceras ya que están en muy mal estado. ¡Es una vergüenza!

Álex
Bueno, Juan, un "barrio inteligente" significa que es un barrio bien conectado y con soluciones digitales. A mí me parece fantástico que puedas alquilar un coche por horas y simplemente por Internet.

Montse se queja porque opina que el Ayuntamiento no piensa en ____________________. Cree que la vida de la ciudad solo será mejor si hace algo por sus ____________________.

José Luis no está de acuerdo con ____________________, porque para él ____________________ precioso. Además considera que el parque no es solo para unos pocos, sino también para ____________________. Él estuvo allí un día por ____________________ y le encantó ____________________.

Juan se pregunta cuánto le ha costado al Ayuntamiento el ____________________. Piensa que es una vergüenza el estado de ____________________, porque a veces no se puede pasar por ____________________.

Álex le explica a ____________________ lo que significa ____________________. A él le gusta mucho la idea de ____________________ un coche ____________________ horas y cómodamente ____________________.

3f Was drückt *por* aus? Was drückt *para* aus? Lesen Sie die Kommentare auf Seite 41 noch einmal und vervollständigen Sie die folgende Tabelle mit Beispielen, in denen *por* oder *para* verwendet wird.

por

1. Grund: por ellos
2. Mittel / „per“: ____________
3. unbestimmte Ortsangabe / Durchgangsort: ____________
4. unbestimmte Zeitangabe: ____________

para

1. Zweck: para disfrutar, ____________
2. Adressat: ____________
3. Meinung: ____________

3g Der Stadtrat hat beschlossen, mehr Präsenz bei den Bürgerinnen und Bürgern zu zeigen, und hat eine Angestellte beauftragt, einen freundlichen Text für die nächste Veranstaltung zu verfassen. Die Angestellte hat sich von einem auf Deutsch verfassten Beitrag einer Stadt in der Schweiz inspirieren lassen. Einen Teil hat sie schon übersetzt und angepasst. Helfen Sie ihr, den Text auf Seite 43 für die Ankündigung auf der Website zu Ende zu schreiben.

Wir sind sehr stolz auf unsere Stadt! Auch auf das neue Projekt „Smart Stadtviertel“.

Für uns ist es wirklich *un honor presentarles el gran proyecto urbano “Ciudad Natura” y todas sus novedades, como el parque de las Flores, el sistema de carriles bici y, por supuesto, el centro cultural Picasso.*

Um Ihre Meinung direkt zu erfahren, *queremos invitar a los ciudadanos que se han instalado ya en el nuevo barrio a una fiesta al aire libre el sábado 14 de abril,* vormittags von 9 bis 12 Uhr. *Será una gran ocasión*, um das Kulturzentrum besser kennenzulernen, durch den Park zusammen spazierenzugehen *y para presentarles más atracciones y servicios en el futuro.*

¡Los esperamos! Um das Fest besser planen zu können, *les pedimos que dejen sus datos* hier über das Internet oder per Telefon: *912456839.*

Estamos muy....

el gran proyecto urbano "Ciudad Natura" y todas sus novedades, como el parque de las Flores, el sistema de carriles bici y, por supuesto, el centro cultural Picasso.

el sábado 14 de abril,

Será una gran ocasión,

D Me informo, leo, miro...

D1 ¿Son verdaderas o no?

1a **Gabi lernt Spanisch. Auf einer Website hat sie einen Artikel gesehen und zuerst einige unklare Begriffe in einem Online-Wörterbuch gesucht. Welche Erklärungen hat sie gefunden? Ordnen Sie sie zu.**

fuente	a. Página virtual en la red a la que se accede con una dirección de Internet.
publicar	b. Controlar si un hecho o una noticia son ciertos.
compartir	c. Texto del que proviene una información.
noticia viral	d. Comunicar una información oficialmente a través de los periódicos, los libros o Internet.
sitio web	e. Poner a disposición de los demás una información o un enlace.
comprobar	f. Información que, al igual que un virus, se propaga o difunde rápidamente en Internet.

1b **Auf der nächsten Seite ist der Artikel, den Gabi lesen will. Auf welcher Website ist sie? Wählen Sie aus.**

- .../la_revista_de los_estudiantes/escribir-una-noticia/
- .../la_gente/noticias_cotidianas/
- .../infonews/noticias-sospechosas-cuidado-informarse-bien/
- .../leerhoy/un-arte-que-se-aprende-en-la-escuela/

¿Las noticias que todos los días leemos en la red o en los periódicos son verdaderas o no? En el mundo de Internet las informaciones se difunden con tanta velocidad que a veces una noticia que al principio era cierta, con el tiempo se convierte en un "bulo", es decir, en una noticia falsa. ¿Pero cómo reconocerla? A continuación encontrarás una guía breve para ayudarte a reconocer lo verdadero de lo falso en el mundo de la información.

En primer lugar, comprueba las fuentes. Una información poco precisa y muy general no siempre es fiable. Si en un artículo se menciona a unos expertos en una materia y sus investigaciones, búscalos en los sitios web oficiales. ¿Que no encuentras ninguna referencia sobre ellos? ¡Entonces es mejor ser prudente! En algunas ocasiones, la fuente resulta ser solamente la opinión de una persona que no se ha basado en datos reales, pero que de todas formas la publica en la red como algo auténtico.

Los títulos con LETRAS MAYÚSCULAS o con muchos signos de admiración!!!! se utilizan para sugerir emociones y llamar la atención de los lectores; sin embargo, el texto que aparece después no siempre se basa en hechos verídicos o comprobados. Si te interesa el tema de un artículo, no te fíes solamente del título, sino léelo con atención.

Errores típicos: con frecuencia los bulos están mal escritos y tienen muchos errores de gramática y de ortografía. Es difícil que esto ocurra en una página oficial, en la que las noticias se leen y corrigen varias veces antes de publicarse. Por cierto: ¡los correos electrónicos "peligrosos" también suelen contener muchos errores! Si recibes uno, bórralo enseguida.

Presta atención asimismo al nombre de la página web: algo que sucede muy a menudo para engañar al usuario es que eligen un nombre *casi* igual al de la página o canal informativo real, solo que en el nombre falso han cambiado, añadido o quitado una letra. ¿Qué ocurre entonces? Pues que parece el mismo nombre, pero la página no existe o se trata de una dirección falsa.

Y por último: ¿por qué crees que a veces en una página o red social te piden que compartas inmediatamente una información recibida? Pues seguramente porque quieren que colabores divulgando una información falsa haciendo de ella una noticia viral. Fíjate bien en la fuente y actúa en consecuencia.

1c Um sich den Inhalt besser zu merken, möchte sich Gabi Notizen zu dem Artikel machen. Was könnte sie schreiben?

bulo → *Un bulo es* ____

nombre del sitio web → *El sitio web puede* ____

los expertos y sus investigaciones → ____

errores en algunas noticias en la red y correos peligrosos → ____

compartir una noticia → *Si alguien pide* ____

1d Gabi hat danach die im Artikel vorgekommenen Wörter, die mit dem Thema *Internet* zu tun haben, nach Stichwörtern geordnet, um sie sich besser einzuprägen. Welche hat sie gefunden? Vervollständigen Sie die Liste.

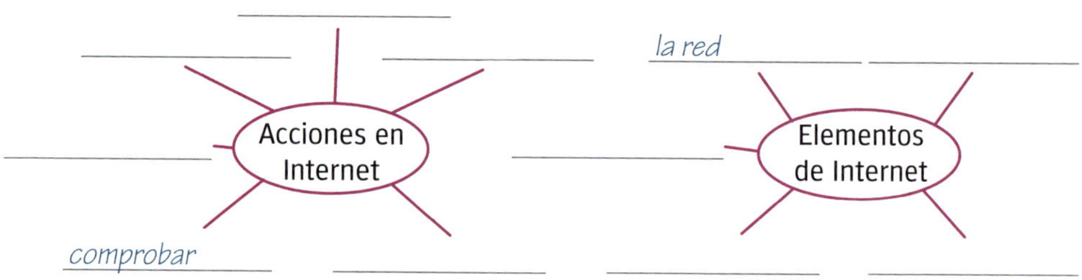

1e Haben Sie den Artikel so aufmerksam wie Gabi gelesen? Dann werden Sie die Informationen unten schnell rekonstruieren können! Suchen Sie für den Informationsteil links den passenden Teil rechts.

1. Si en el texto se mencionan las investigaciones de unos especialistas,
2. Si un artículo te parece interesante,
3. ¡Los correos peligrosos también pueden tener muchos errores! Si recibes uno,
4. Si te piden que compartas una noticia, presta atención y

a. bórralo enseguida.
b. hazlo solamente si estás seguro.
c. verifícalas consultando otras páginas oficiales.
d. no te fijes solo en el título, sino léelo hasta el final.

1f Gerade hat Gabi eine dubiose E-Mail erhalten, die viele unterschiedliche Fehler enthält. Sie hat schon einen gefunden. Helfen Sie ihr, die anderen 11 Fehler zu finden und schlagen Sie jeweils die Korrektur vor.

BancoParaTi

Estimado señora:

Por desgracia nos vemos obligados a comunicarlas que hemos encontradas algunas problemas en su cuenta. Para evitar problemas más grave, es necesario que usted se pongas en contacto con nos. Hágalo enseguida, porque está realmente muy urgente.

Si no es posible, entonces haz clic aquí: encontraré las instruccionas para contactar con la central de nos banco.

Atentamente,

Paco Pérez Bustamante

BancoParaTi

1g Im Netz gibt es eine rege Diskussion über die Sicherheit im Internet. In einem sozialen Netzwerk hat Emilio eine Frage gestellt. Wer hat ihm konkrete Tipps für sein Problem gegeben? Wer erzählt nur von seinen Erfahrungen? Und wer ist der Administrator dieser Seite?

Emilio
La verdad es que a veces es muy difícil saber si un e-mail es fiable o no. Creo que ayer recibí uno falso que parecía verdadero... Era del banco, tenía que hacer clic en un enlace. Pero si hago clic y resulta que es una dirección falsa, ¿qué pasa entonces?

Guille
Emilio, si recibes un correo con un enlace de ese tipo, no lo abras nunca sin estar seguro: ¡puedes tener grandes problemas! Lee antes todos los datos del e-mail y analízalos. El texto léelo varias veces y, sobre todo, no lo hagas si estás distraído o cansado.

Angela
Si, por ejemplo, te llega un correo electrónico sospechoso del banco, llama enseguida al director o a un empleado y pregúntales. Es lo más seguro.

David
A mí también me pasó lo mismo y tuve que esperar unos días porque el ordenador se bloqueó. Por eso, ahora solo abro un enlace si estoy completamente seguro.

> **Imperativ + Pronomen**
> Beim bejahten Imperativ werden die Personalpronomen angehängt:
> Este artículo es bueno. ¡Lée**lo**!
> Beim verneinten Imperativ stehen die Personalpronomen **vor** dem Verb:
> El correo es falso. ¡No **lo** abras!

Leo
Emilio, ¿quieres que desaparezcan todos tus problemas? Pues, olvídate del ordenador y no pienses más en él. Es más, ¿puedo recomendarte algo? ¡Tíralo a la basura!, es lo mejor. ¡Volvamos a una vida más natural sin la dependencia de los medios digitales!

Ricardo
Rogamos participar en este foro solo con comentarios relacionados con nuestro tema.

Blanca
El correo electrónico más peligroso es el que parece auténtico. Lo más importante es que lo controles bien: por ejemplo, ¿es la misma dirección de siempre o ha cambiado algo aunque solo sea un detalle? ¿Hay errores de algún tipo?

Dan consejos concretos: ______________________

Cuenta su experiencia: ______________________

Es el administrador / la administradora: ______________________

1h Lesen Sie noch einmal die Beiträge auf Seite 47: Unterstreichen Sie die „bejahten" Anweisungen bzw. Ratschläge in Grün und die „verneinten" in Rot. Wenn ein Pronomen verwendet wird, wo steht es? Notieren Sie jeweils zwei Beispiele.

Bejahte Anweisungen / Ratschläge: *analízalos,* ______________________

Verneinte Anweisungen / Ratschläge: ______________________

1i Schreiben Sie auch einen Tipp! Folgen Sie dem Schema, das Sie sich gemacht haben. Formulieren Sie den Kommentar informell.

- Nie den Fehler machen, eine E-Mail zu lesen, wenn man abgelenkt ist; lies sie lieber später und kontrollier sie aufmerksam.
- Beachte genau die Details, lies sie in Ruhe.
- Hast du kein Antiviren-Programm? Kauf es sofort!
- Hast du Freunde, die sich mit Computern auskennen? Ruf sie an und bitte sie um Hilfe.

D2 ¿Cuántos libros lees?

2a In einer spanischer Buchhandlung haben Sie einen Flyer gefunden: Sie möchten einem Freund erzählen, worum es geht. Schreiben Sie eine kurze Zusammenfassung mithilfe der Stichwörter im Kasten.

Librería *Buenas palabras*

Abril, el mes de los libros. ¡Participa en nuestra encuesta y gana un vale de 50 euros!
Todo lo que está a nuestro alcance para ofrecerte el mejor servicio y conseguir que nuestra tienda sea la librería más moderna y más visitada de nuestra ciudad. Simplemente porque estamos convencidos de que la lectura de un buen libro es el momento más agradable y relajante del día.
Como ya sabes, desde principios de año *Buenas palabras* está abierta todos los días de 9:00 a 22:00 h. Además, para celebrar el Día del Libro, inauguraremos el 23 de abril la nueva cafetería diseñada especialmente para nuestros lectores y nuestras lectoras, en la que podrán disfrutar de un buen café, así como de los periódicos y revistas más actuales, que pondremos a su disposición ese día de forma gratuita. Pero queremos seguir avanzando y nos gustaría contar con tu colaboración.

Hemos elaborado un encuesta que solo te llevará unos minutos. Tus respuestas nos ayudarán enormemente a conocerte mejor, a saber tus gustos y tus hábitos, y avanzar en nuestro empeño de promover la lectura. Contesta a las preguntas y después lee el perfil correspondiente: ¡quizás te sorprendan también a ti los resultados! El cuestionario va acompañado de un sorteo: si quieres participar, no te olvides de poner tus datos personales en la última página. El día 30 del presente mes de abril, cinco clientes afortunados de entre los que han participado en la encuesta y nos han confiado sus datos ganarán un vale por un valor de € 50. Ese mismo día, después del sorteo, nos pondremos en contacto directamente con los ganadores. Muchas gracias por tu participación y, ¡mucha suerte!

La librería Buenas palabras quiere...
Por eso, desde principios de este año...
El Día del Libro, el 23 de abril, ...
Además, han elaborado...
Los clientes tendrán que...
Quien participe podrá...

Superlativo relativo
Bestimmter Artikel + Substantiv + **más / menos** + Adjektiv
! Die unregelmäßigen Formen **mejor/peor** stehen meist vor dem Sustantiv.
Danach folgt die Präposition **de**.
el momento más agradable de la jornada
la mejor librería del centro

2b **Lesen Sie diese Aussagen, vergleichen Sie sie mit dem Flyer auf Seite 49 und entscheiden Sie, welche richtig (*verdadero*) und welche falsch (*falso*) sind.**

		verdadero	falso
1.	La librería se preocupa mucho por mejorar sus servicios.	☐	☐
2.	En la nueva cafetería no cuesta nada tomar un café por la mañana.	☐	☐
3.	Mediante la encuesta la librería sabrá más sobre sus clientes.	☐	☐
4.	Todas las personas que contestan a la encuesta pueden ganar el vale.	☐	☐
5.	Para saber si se ha ganado, es necesario contactar con la librería.	☐	☐

2c **Ihr Freund Antonio hat an der Umfrage teilgenommen. Lesen Sie die Antworten und entscheiden Sie, welches Profil besser zu ihm passt und warum.**

Edad: __________ años

¿Con qué frecuencia vienes a nuestra librería?

☒ Regularmente, todas las semanas.

☐ Dos o tres veces al mes.

☐ Más de dos o tres veces al mes.

☐ Solo cuando busco algo concreto o quiero hacer un regalo.

¿Cuántos libros lees al año?

☐ De 1 a 4

☐ De 5 a 9

☒ Más de 10

¿Cuándo sueles leer?

☒ Siempre que puedo y tengo algo de tiempo.

☐ Por la noche antes de dormirme.

☐ Durante el fin de semana.

☐ Leo poco, normalmente solo en las vacaciones.

¿Prefieres libros en papel o electrónicos?

☒ Prefiero los libros impresos, no leo libros digitales.

☐ Leo ambos.

☐ Prefiero los libros electrónicos porque son más prácticos y más baratos.

¿Cómo eliges un libro (puedes marcar más de una respuesta)?

☒ Consulto las reseñas y/o las listas de los libros más vendidos.

☐ Pregunto al personal de la librería.

☐ Confío en las recomendaciones de amigos y familiares.

☐ Elijo el libro según la portada y el título.

☒ Leo el argumento del libro y después decido.

☒ Hojeo el libro, lo leo un poquito por encima y después decido.

¿Qué género de libros prefieres?

- ☐ clásicos
- ☒ novelas policíacas
- ☐ novelas románticas
- ☐ novelas de aventuras
- ☒ novelas históricas
- ☒ ensayos
- ☒ cómics / novelas gráficas

otros: ____________________

En caso de aumentar nuestra oferta, ¿qué sección te interesaría más?

- ☐ Novelas y ensayos en otros idiomas
- ☐ Libros de arte, fotografía y cine
- ☐ Deporte
- ☒ Guías y literatura de viajes
- ☐ Historia y biografías
- ☐ Literatura especializada

¿Qué te gustaría encontrar además en nuestras tiendas?

- ☐ Un servicio de guardería para los más pequeños
- ☐ Iniciativas para acercar a los niños y jóvenes a la lectura
- ☐ Cursos dedicados a la literatura y al arte
- ☐ Cursos de escritura creativa

Perfil A: Son lectores a los que les gusta leer aunque tienen su agenda completa y no siempre encuentran fácilmente tiempo para dedicarlo a la lectura. A veces no están seguros de su elección, porque les falta tiempo para informarse y estar al día de las novedades. ¿Cuál es la mejor solución en estos casos? Preguntar a los vendedores de la librería: ellos son las personas más adecuadas, porque están preparadas e informadas.

Perfil B: Son lectores fieles e interesados en temas muy diferentes: un buen libro es, sin lugar a dudas, su mejor amigo. Son lectores expertos y en la mayor parte de los casos no necesitan recomendaciones de nadie. Están al tanto de las novedades a través de los periódicos, son curiosos, están abiertos a nuevas experiencias y saben reconocer lo que podría interesarles.

Perfil C: Para este tipo de lectores un libro supone una fuente más de información a su alcance aunque no siempre es la que prefieren. Sin embargo, de vez en cuando, algún libro captura su atención y son capaces de pasarse horas inmersos en su lectura. Un consejo para ellos: deberían intentar también hojear libros que quizás al principio no les parecen tan interesantes, pero que pueden esconder sorpresas muy agradables.

2d **Welche Daten hat die Buchhandlung durch den Fragebogen gesammelt? Vergleichen Sie ihn mit der Liste unten und unterstreichen Sie die gesammelten Informationen.**

frecuencia de visitas a la librería • otras librerías • observaciones y críticas • horarios preferidos • aficiones en el tiempo libre • hábitos de lectura • criterios de elección de un libro • compras en línea • géneros preferidos por los lectores • media de los gastos anuales previstos • otros servicios deseados

2e **Diese Aussagen stammen von dem Flyer, dem Fragebogen oben und den Werbekampagnen der Buchhandlung. Lesen Sie die Aussagen 1–8 und ergänzen Sie mit den fehlenden Wörtern aus der Liste.**

interesantes • más (3x) • del • mayores • mejor • menos • de • divertidas • los • las

Hemos hecho un gran esfuerzo para mejorar nuestras tiendas y ofrecer **el mejor servicio del mundo**.

¡Queremos que tu visita a nuestra librería sea **el momento más agradable del día**!

1. Pregunta a los vendedores de la librería: ¡son **las personas más adecuadas** para responder a tus preguntas!
2. Nuestra lista de ventas: los libros ________________ vendidos de la semana.
3. La leeréis de un tirón y hasta el final: ¡esta es la novela ________________ aburrida del mes!
4. ¡La semana más loca ________________ año! Todos los libros en oferta con el 15 % de descuento!
5. ________________ novelas más ________________ y simpáticas (en opinión de nuestros lectores).
6. Descubre ___________ ensayos y libros científicos ________________ ________________ de este año.
7. Lo que dicen nuestros lectores de nosotros: «Esta es la ________________ librería ________________ la ciudad».
8. Tenemos libros para los ________________ pequeños, pero también para los ________________.

2f Eine Angestellte der Buchhandlung hat aufgrund der Antworten auf den Fragebögen eine Zusammenfassung der Kundengewohnheiten geschrieben. Rekonstruieren Sie sie, indem Sie für die Lücken jeweils den passenden Textabschnitt rechts suchen.

Ha aumentado ligeramente el número de lectores (sobre todo mujeres y jóvenes) que leen

1.

supera el 15,2%.
El libro digital no está demasiado difundido todavía. Aunque hoy en día casi la mitad de los libros impresos están disponibles también

2.

más leídos siguen siendo las novelas policíacas y los ensayos. No obstante, se observa actualmente también un aumento del interés por los cómics y las novelas gráficas. A diferencia de ellos, los libros menos

3.

más reducida se interesa por la literatura, la fotografía y el cine. A la pregunta sobre qué

4.

20% se decidió, en cambio, por las iniciativas para promover el amor por la lectura en niños y jóvenes.

☐ en formato electrónico, solo el 11% de nuestros lectores recurre al libro digital. Los usuarios de los libros electrónicos son sobre todo gente joven entre los 20 y 25 años.
En nuestra librería, los géneros

☐ buscados son, según parece, las novelas románticas.
A la mayor parte de los clientes le gustaría encontrar más libros dedicados a viajes.
Una parte

☐ otras actividades podrían ofrecerse, el 55% de ellos contestó que los cursos de escritura creativa; el

☐ por lo menos tres libros al año, mientras que el porcentaje de los lectores asiduos, es decir, los lectores que leen más de 10 libros al año, no ha variado demasiado y no

2g Lesen Sie noch einmal die Antworten, die Antonio im Fragebogen angekreuzt hat und beschreiben Sie seine Gewohnheiten. Sie können die Ausdrücke unten verwenden.

Claramente Antonio es un lector asiduo / esporádico..., porque...

Tiene / No tiene lugares o momentos preferidos para leer, lee cuando...

Le gustan / No le gustan los libros electrónicos.

Para elegir los libros recurre a...

Suele leer libros...

Le gustaría encontrar más...

En la librería le gustaría hacer también...

D3 He leído una reseña muy positiva

3a Sie sind Gast bei Raquel, einer gemeinsamen Freundin von Antonio und Ihnen. Sie hat die Zeitung schon weggeworfen, aber eine zerfetzte Rezension im Papierkorb interessiert Sie. Ordnen Sie die Rezensionsteile den Inhaltspunkten zu. Zu welcher Bücherabteilung könnte dieses Buch passen? Wählen Sie aus.

Introducción: ____________

Resumen del contenido: ____________ **1.** ____________ **2.** ____________

Cierre: ____________

☐ Novelas ☐ Deportes de invierno ☐ Viajes y aventuras

☐ Fantasía ☐ Historia y biografías ☐ Ciencias y ecología

A. Esta nueva biografía puede ser el regalo perfecto no solo para los amantes del fútbol, sino también para los que adoran leer historias reales que parecen relatos de aventuras.

B. *Novedades editoriales*. Desde hace algunos días, los escaparates de muchas librerías de nuestro país se han llenado de ejemplares de un nuevo libro sobre Diego Armando Maradona, el mejor futbolista de todos los tiempos.

C. Pero no se trata de una biografía tradicional: en este libro el autor ha reconstruido con la paciencia y la minuciosidad de un historiador la vida del futbolista, documentándose en la prensa de la época y recogiendo testimonios y fragmentos de entrevistas con muchas personas cercanas al "Pelusa", un futbolista único con una personalidad contradictoria.

D. Al final, el lector consigue adentrarse en la biografía de Maradona, una persona brillante y compleja, de la que el libro nos muestra no solo sus mayores éxitos, sino también los momentos más difíciles y tristes.

E. Desde las primeras páginas la historia resulta fascinante: recorre los acontecimientos del jugador más famoso de todos los tiempos, desde sus inicios, en los campos de fútbol argentinos, quinto hijo de ocho en total, hasta su extraordinaria carrera, primero en su país y después en Europa, para regresar finalmente a Argentina, donde muere el mes de noviembre de 2020.

3b Lesen Sie die Rezension noch einmal und unterstreichen Sie die Wörter, die Ihnen geholfen haben, die Textsequenz zu rekonstruieren.

3c Eine der zwei Aussagen passt jeweils nicht. Mithilfe der Rezension streichen Sie die falsche Aussage durch.

El autor es un historiador. / El autor trabaja con el detalle de un historiador.

Es un libro tan apasionante como un libro de aventuras. / Es un libro lleno de aventuras.

El libro describe al jugador y sobre todo a la persona que fue Maradona. / En el libro se habla de Maradona como deportista.

Es un regalo perfecto para los amantes del fútbol. / Es un regalo perfecto para los amantes del fútbol y de las biografías fascinantes.

3d Heute früh hat Ihnen Raquel diesen Zettel auf dem Frühstückstisch hinterlassen. Es geht um das Geschenk für Antonio. Da Sie den ganzen Tag unterwegs sein werden, fassen Sie schriftlich Ihre Antwort für Raquel mithilfe der Stichpunkte zusammen.

¡Hola! Mira, tengo una idea para el regalo que queremos hacerle a Antonio: he leído una reseña muy positiva sobre una biografía que acaba de salir sobre Maradona. ¡Yo creo que le encantaría! Podemos comprarle también una botellita de Rioja... ¡y ya tendríamos el regalo! ¿Qué te parece? ¿Estás de acuerdo? Voy a preguntarles a Alfonso y Elvira qué piensan ellos, porque también querían participar en el regalo. Si todos estamos de acuerdo, podría comprar el libro y el vino directamente esta tarde, ya que voy a estar por el centro. Escríbeme tu opinión, por fa. ¡Besitos!

- Ihrer Meinung nach Buch → sehr gute Idee: Antonio der glücklichste Mensch der Welt, wenn er ein Buch in der Hand hat.
- Aber leider Buch → nicht so geeignet (Antonio: 🙁 weder Sport noch Biografien).
- Aber: Vor ein paar Tagen zusammen mit ihm → an einer Umfrage der Buchhandlung teilgenommen → vielleicht jetzt eine genauere Vorstellung, was ihm gefallen könnte. Heute Abend → zusammen darüber sprechen. Und wenn Raquel morgen von der Arbeit ein wenig früher zurückkommen würde → zusammen in die Buchhandlung gehen und Geschenk suchen, das wäre das Beste!

¡Hola, Raquel! Pienso que el libro ____________

____

____

____

____

____

____

3e Während Sie noch über das Geschenk für Antonio nachdenken, finden Sie eine interessante Rezension in einer deutschen Zeitschrift. Sie schreiben für alle Freunde eine E-Mail mit der Zusammenfassung des Themas. Sie haben in der Rezension farbig markiert, was Sie Ihren spanischen Freunden unbedingt erzählen möchten.

„Perú: comida callejera" (Peru: Streetfood) ist ein neues Buch, geschrieben für jene Leser*innen, die Reisen und gute Küche mit gleicher Leidenschaft lieben. Der Autor erzählt die Geschichten und Erfahrungen seiner spannenden Reise durch Peru auf der Suche nach traditionellen Gerichten. Den ganzen Sommer hat Herr Hennz die bekanntesten Restaurants gemieden und dagegen mit Geduld und Leidenschaft beliebte „carritos" (kleine fahrbare Stände) ausgesucht, alte „mercados" entdeckt, die besten „anticuchos" (Fleischspieße) probiert und Zutaten und Rezepte genossen, die kaum jemand kennt … Er hat mit vielen interessanten Leuten gesprochen, die ihm auf dieser faszinierenden Reise geholfen haben. Das Ergebnis? Ein sehr interessantes Buch über Küche und Kultur, Leute und Reisen, Neuem und Tradition, das sofort die Lust weckt, sich auf eine ähnliche Reise zu begeben.

¡Hola a tod@s!

Os escribo porque todavía no sabemos qué libro regalarle a Antonio. He encontrado por casualidad una reseña que me ha parecido muy interesante sobre la gastronomía callejera de Perú, pero está en alemán. Os resumo aquí lo más importante de la reseña. El libro se publicó en Alemania y después se tradujo al español. No sé qué opináis, pero como Antonio ha estado dos veces en Perú y le interesa mucho el país y su cultura, quizás le guste. ¿Os parece una buena idea? 🙂

El autor cuenta sus experiencias sobre…

3f Lesen Sie die Antworten der Freunde, die sich am Geschenk beteiligen wollen. Wer ist mit Ihrem Vorschlag einverstanden und wer nicht? Warum?

Regalo para Antonio

Raquel
Hola, muchas gracias por la traducción de la reseña, acabo de leerla. Parece que se trata de un buen libro, pero ¿para Antonio? Yo creo que a él le gustaría más comer que leer un libro, ¿no crees? 🙂

Alfonso
Oye, menos mal que nos has traducido la reseña, porque si no..., mi alemán es "cero". Pero, si te soy sincero, no creo que sea el género más adecuado para Antonio. Es cierto que ha estado en Perú y que le encantó la comida peruana, pero no tanto como para leer un libro entero solo de gastronomía.

Elvira
¡Hola! Gracias por tu propuesta. A mí el libro me parece muy interesante. Además, no sé si sabéis que Antonio es muy aficionado a los programas de cocina de la tele y a los vídeos de recetas. Podríamos regalarle el libro y algo más. Una botella de Rioja, como propuso Raquel, me parece demasiado poco. ¿Y si le compramos un vale para el restaurante "Sabor de Lima"? He leído en Internet que tiene muy buenas críticas. O bien, le compramos una cesta con productos típicos peruanos.

1. Raquel está / no está de acuerdo porque...
2. Alfonso está / no está de acuerdo porque piensa que...
3. Elvira está / no está de acuerdo porque... Además propone...

3g Posten Sie eine Nachricht in der Gruppe anhand der folgenden Angaben.

Elvira hat recht → oft gesehen, wie Antonio nach neuen Rezepten im Internet sucht; vorgestern → den ganzen Abend vor dem TV, Kochwettbewerb angeschaut ...

Vorschlag → als Geschenk: Buch + Einladung für ihn + Frau → Abendessen alle zusammen in „Sabor de Lima".

Als Alternative noch eine Idee: neuen Roman Sie wissen → gestern hat Antonio Rezension + Kommentare auf einer Seite online gelesen → davon begeistert. → Dieses Buch + Übergabe während des Abendessens?

D4 El libro se convirtió en la película del año

4a Hier ist endlich das Geschenk für Antonio! Seine Freunde wollen ihn doch mit etwas ganz anderem überraschen: einem neuen Roman, der gerade verfilmt wurde. Schaffen Sie es, mithilfe der Handlung auf der Buchrückseite die Fotogramme zu ordnen?

"Sentada en la terraza de un bar, aburrida y desinteresada, viendo a un chico que pasaba en bicicleta delante de mí, de repente dirigí la mirada hacia un grupo de personas que esperaba al autobús y lo vi: más viejo que la gente que estaba a mi alrededor, pero más lleno de vida que todos ellos, aquel hombre era indudablemente Marcelo. Fue tan solo un instante, pero lo reconocí enseguida, aunque no lo había visto desde hacía veinte años. Había envejecido, pero sin perder esas ganas de vivir que lo caracterizaban. Por lo menos, esa fue mi impresión: más calmado que antes, con sus auriculares en la cabeza buscaba algo en el móvil. Seguramente era feliz, a pesar de que cuando éramos jóvenes, me enfadaba su continuo inconformismo. Lo miré de nuevo, dudando entre levantarme y acercarme a él, o seguir sentada observándolo a distancia. Yo ya no era la misma de entonces. Durante todos estos años me había perdido en miles de ciudades, había olvidado mis sueños y mis deseos. Ahora Marcelo me comprendería y entendería que no sé dar marcha atrás. Por eso sentí miedo y decidí esperar".

Así empieza la historia de Ariadna. Una vida en la que seguramente se sentirán reflejados muchos lectores: una persona inmersa en la rutina y que un día descubre que un acontecimiento imprevisto puede cambiarlo todo. Para Ariadna será el encuentro casual con Marcelo, un amigo al que no ve desde hace veinte años y que la ayudará a transformar su vida por completo y para siempre. Ella, que no había conseguido ser feliz en ningún sitio, intentará recuperar los sueños de su juventud en busca de un país completamente nuevo. Traducida a más de 10 idiomas, la novela ha sido llevada al cine con el título *Ahora me voy*, la película del año según los críticos.

A

B

D

C

Orden correcto de los fotogramas: ______________

4b Lesen Sie nochmals die Rückseite des Romans. Welche Aussagen stimmen nicht?

	verdadero	falso
1. Según Ariadna, aunque Marcelo es mayor, es más alegre que las otras personas de la terraza del bar.	☐	☐
2. Marcelo le parece algo triste y débil.	☐	☐
3. La protagonista ha viajado por muchas ciudades distintas.	☐	☐
4. Ariadna se dirige enseguida a Marcelo y lo saluda.	☐	☐
5. Ella viaja a un país desconocido.	☐	☐
6. La película puede verse en varios idiomas.	☐	☐

4c Hier ist ein Ausschnitt aus dem Filmskript. Rekonstruieren Sie die Beschreibung mithilfe des Texts oben. Passen Sie auf die Zeit der Handlung im Skript auf!

Exteriores / de día – Una calle ancha de una ciudad de provincias, no hay coches. A la izquierda, un parque; a la derecha, la ______________ de un bar. Hay gente sentada fuera. En frente, una parada de ______________ con algunas personas que esperan.
Escena 1: En medio de la calle un chico en bicicleta ______________ delante de la gente que está sentada en la terraza del bar. Primer plano de la protagonista: parece más triste que las otras personas a su alrededor, toma un café, y de repente ______________ algo...
Cambio de perspectiva / otro primer plano: un hombre mayor, alegre, con unos auriculares en la cabeza y una mochila, ______________ algo en el móvil: ______________ feliz y tranquilo. ______________ repente, ella ______________ enseguida al hombre. Lo ______________ otra vez indecisa, no sabe qué hacer, duda, ______________ miedo y ______________ esperar.

4d Film oder Buch? Lesen Sie den Austausch auf einer Online-Amateurseite. Was charakterisiert nach Robertos und Paolas Meinung das Buch, was den Film? Wie bewerten sie sie? Notieren Sie unten die Stichwörter dazu.

Amigos de la Cultura

Alberto Gutiérrez

He leído el libro pero todavía no he visto la película. Me interesaría saber vuestra opinión: ¿la película es tan bonita como el libro? ¿O defrauda un poco? ¿Quién puede decirme algo?

Roberto Mesa

En mi opinión, la película es mucho mejor. Leí el libro hace tiempo porque en la librería me llamó la atención la foto de la portada, pero cuando empecé a leer las primeras líneas me desilusionó mucho. Conseguí leerlo hasta el final pero me pareció aburridísimo, ¡un rollazo ☹! En cambio la película tiene un buen ritmo, la fotografía es fantástica y los actores, sobre todo la actriz principal, son buenísimos, diría que excepcionales. Interpretan maravillosamente a los dos protagonistas. Me gustaría destacar también la dirección de Juana Echevarría, que considero magnífica. Por el contrario, pienso que el libro tiene un ritmo demasiado lento, las descripciones de los paisajes y de los personajes resultan tediosas y complejas, los diálogos son muy largos, a veces ocupan hasta dos páginas. En la película todo va más rápido, la narración es más dinámica. Quizás también gracias a la banda sonora, realmente muy original. Es una pena que muchas veces nos olvidemos de los compositores de la música cinematográfica.

Paola Bermejo

¿Pero cómo puedes decir que el libro es “un rollazo”? ¡Es una obra maestra! La trama es muy convincente, las descripciones de los personajes son extraordinarias, los diálogos están muy bien trabajados y no son nada superficiales. Y el ritmo demasiado lento al que te refieres encaja perfectamente con la historia, porque refleja los pensamientos y las dudas de Ariadna. Por eso los diálogos te parecen quizás demasiado largos. En cambio, para mí la película es un tostón: es aburrida, poco original, vamos, para ser sincera, “inaguantable”. De hecho, algunos espectadores se durmieron en el cine. Aunque también tengo que decir que yo normalmente prefiero leer un libro a ver una película. En una novela hay más espacio para los detalles y, sobre todo, se estimula más la fantasía del lector, porque cada uno se crea sus propias imágenes y tiene su visión particular de los personajes. Yo, por ejemplo, me imaginaba a Ariadna muy distinta, menos dura y más emotiva. Sin embargo, lógicamente, leer un libro necesita más tiempo, no puedes terminarlo en una hora y media como una película.

PS El compositor de la banda sonora es Fernando de la Hoz, la directora es Juana Echevarría. La puesta en escena es de Juana Echevarría y de Felipe Soria Palacios.

	Roberto	Paola
Película:	*buen ritmo,*	
Libro:		

4e Suchen Sie in Robertos und Paolas Kommentaren die passenden Ausdrücke, um Folgendes auszudrücken.

1. Un libro / una película muy aburrida →
2. Un libro magnífico, una obra de arte →
3. Una película que no puede verse durante mucho tiempo →
4. Los actores son extraordinarios →

4f **Lesen Sie die Kommentare in Übung 4d noch einmal. Schreiben Sie im Kreis links die Wörter auf, die sich auf Filme und Kino beziehen, im Kreis rechts die, die sich auf Bücher und Lesen beziehen, in der Mitte die Wörter, die sowohl für Filme als auch für Bücher verwendet werden können.**

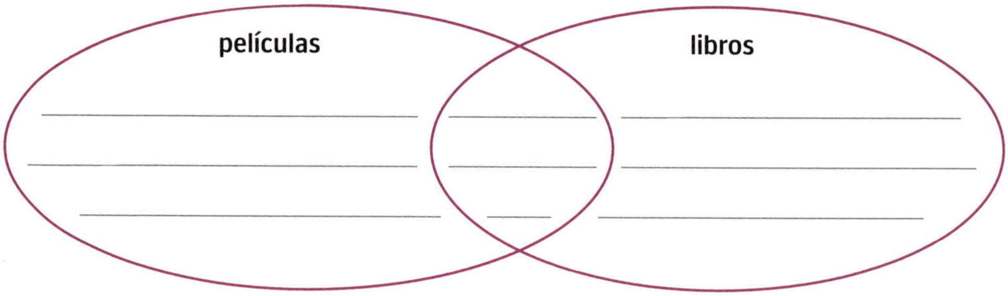

4g **Alberto Gutiérrez (Übung 4d) hat auch den Film gesehen und will darüber schreiben. Helfen Sie ihm anhand der Notizen, die er sich gemacht hat, den Text zu vervollständigen. Sie können auch die Rezension zu Hilfe nehmen!**

Ariadna: vida normal, pero no es feliz. Un día, después de veinte años y por casualidad → Marcelo → (breve descripción de Marcelo) → con ayuda de Marcelo → Ariadna → recupera sus sueños → se despide de su trabajo / alquila su apartamento → Australia (1 año, veterinaria en una organización encargada de animales salvajes) → Enseguida descubre: gente en Australia = gente que ha dejado en España / egoísta, indiferente → no feliz, solo en el trabajo y en la maravillosa naturaleza → calma.

Ariadna entiende: 1) problema en ella; 2) buscar soluciones dentro de ella y no fuera

Película y dirección 🙂 🙂 🙂; actriz (Ariadna) 🙂 🙂, actor (Marcelo) ☹; ritmo un poco lento pero fotografía (¡paisajes!!) 🙂 🙂 🙂; único problema → banda sonora ☹ (no adecuada para la película / ¡demasiado moderna! Yo: ¿demasiado viejo para entenderla??)

FICHA TÉCNICA DE LA PELÍCULA

Título: **Ahora me voy (2021)**

____________________: Agustina María Salinas en el papel de Ariadna; Ernesto Sigüenza en el papel de Marcelo

____________________: Juana Echevarría

____________________: Juana Echevarría y Felipe Soria Palacios

____________________: Fernando de la Hoz

Género: drama

Contenido y valoración: *Ariadna lleva una vida …*

E Puntos fuertes, puntos débiles

E1 ¿Es el trabajo adecuado?

1a **Der folgende Artikel ist in einem Online-Magazin erschienen. Entscheiden Sie, welcher der folgenden Titel NICHT dazu passt und streichen Sie ihn durch.**

UN TRABAJO... COMO TÚ

Tener un trabajo seguro te hace feliz

Primer paso: conocerse

Hay personas positivas y optimistas, capaces de trabajar bien incluso en situaciones críticas. Otras, sin embargo, se ponen nerviosas ante la más mínima dificultad. Algunas saben trabajar muy bien en equipo, pero son negadas para organizar; otras, por el contrario, son muy buenas para organizar, pero son tímidas e introvertidas... ¿Cuál es el trabajo ideal para personas tan diferentes? Según un estudio reciente, parece que quienes ejercen una profesión compatible con su personalidad son más felices. Es decir, el trabajo ideal no es el de nuestros sueños, sino aquel que se parece más a nosotros mismos. De hecho, se ha podido comprobar que el nivel de estrés en el trabajo también depende de las características de la persona: quien está muy estresado, suele estar realizando un trabajo que no compagina con su carácter. Por lo tanto, para encontrar la profesión adecuada, en primer lugar es necesario descubrir nuestros puntos fuertes. Una persona sociable, altruista y generosa, además de sabia y equilibrada, podría ser, por ejemplo, un médico, enfermero o maestro perfectos; en cambio, si sueña con ser programador informático, tal vez debería pensárselo bien antes. Un trabajo de ese tipo –individual, con poco contacto con el público– seguramente se le da mejor a una persona tímida, introvertida, pero al mismo tiempo creativa, precisa y fiable. En resumen, hoy en día, el antiguo proverbio «Nosce te ipsum» (Conócete a ti mismo) también puede ayudar a encontrar trabajo.

1b ***¿Verdadero o falso?*** **Lesen Sie den Artikel auf Seite 63 ein weiteres Mal und entscheiden Sie, ob die folgenden Aussagen richtig oder falsch sind.**

	verdadero	falso
1. Hay gente que trabaja bien con otras personas pero no sabe organizarse.	☐	☐
2. Las personas más felices hacen el trabajo que siempre habían soñado.	☐	☐
3. Para encontrar el trabajo adecuado hay que hacer un test de personalidad.	☐	☐
4. Una persona cerrada, pero exacta y llena de ideas, podría ser un buen programador informático.	☐	☐

c **Ein paar Leserinnen und Leser haben den Artikel kommentiert. Zu wem passen die Aussagen 1 bis 4? Schreiben Sie die passenden Namen hinter die Sätze.**

1. Piensa que el autor del artículo tiene razón. ______________
2. En su opinión, no es todo tan fácil en la vida real. ______________
3. El artículo le parece interesante. ______________
4. Cree que el estrés no solo depende de un aspecto. ______________

Sebas

Acabo de leer el artículo... Y bueno, la verdad es que no sé qué decir... Quizás es que el artículo trata solamente de un aspecto y en mi opinión la realidad es mucho más compleja. El autor solo presenta un punto de vista, pero se olvida del resto.

Mara

Yo no estoy de acuerdo con el contenido del artículo. El carácter no es tan fundamental. Para mí, el estrés laboral depende de otras muchas cosas: los colegas, la situación privada, la distancia del puesto del trabajo... Por ejemplo, tú puedes tener el carácter ideal para un trabajo, pero si tus compañeros trabajan mal o incluso no trabajan, entonces tienes un problema.

Leo

@Mara: Sí, es verdad, tienes razón que el estrés laboral no depende de un aspecto solamente. Pero de todas formas yo estoy de acuerdo con la opinión del autor. Un trabajo que no encaja con la propia personalidad puede ser una pesadilla. Y hablo por experiencia, desgraciadamente.

Eva

@Sebas: O sea, ¿quieres decir que es un artículo superficial? Lo siento, pero no estoy de acuerdo contigo en absoluto. En mi opinión es un artículo original, que presenta un problema desde una nueva perspectiva. Yo, al menos, lo he leído con mucho interés.

1d Lesen Sie die Kommentare der Leserinnen und Leser noch einmal. Notieren Sie dann, welche Ausdrücke sie verwenden, um ...

1. ... die eigene Meinung zu äußern: *Para mí* ____________
2. ... deutlich mitzuteilen, dass man einverstanden ist: ____________
3. ... deutlich mitzuteilen, dass man nicht einverstanden ist: ____________
4. ... Unsicherheit auszudrücken: ____________

1e Linda hat den Artikel von Seite 63 ihrer Freundin Mónica weitergeleitet. Die beiden chatten darüber miteinander, aber leider haben sich irgendwie falsche Schriftzeichen eingeschlichen. Können Sie das wieder in Ordnung bringen? Und vergessen Sie die fehlenden Akzente nicht!

¡Gracias por el enlace! ¡El artículo era muy interesante!

¡A mí también me ha gustado! Yo sería una programadora perfecta, soy tan poco sociable... 😉

❄í, e❄ ❖erd✧d, per♦ e❀ m⅄ ♦p⅄❀⅄♦❀, después te aburrirías.

Sí, es verdad ____________

❀♦ ❄é qué decir, per♦ p✧r✧ m⅄ tr✧⌘✧j✧r en equipo a veces es agotador.

____

Pues yo ❀♦ e❄t♦y de ✧cuerd♦ c♦❀t⅄g♦. Yo pienso que trabajar en equipo es muy creativo.

Claro, si un equipo funciona y todos son responsables. En cambio en mi oficina... 🙁

¡Qué va mujer...! Tus compañeros son muy simpáticos y creativos, ¡que no es poco!

1f Linda hat den Artikel auch Ihnen weitergeleitet. Ihre Gedanken sind auf Deutsch angegeben, schreiben Sie Linda auf Spanisch.

¿Has leído el artículo? Ahora comprendo por qué estoy estresada. Soy demasiado altruista y generosa con mis compañeros. 😉

Sie sind einverstanden mit Linda.

Es verdad, ____________________

____

Y por eso, siempre salgo del trabajo demasiado tarde.

Sie sind nicht sicher, fügen aber hinzu, dass sie auch eine lange Mittagspause macht.

____

Sí, es cierto, ¡pero es que la pausa es necesaria!

Sie stimmen zu, aber schlagen ihr vor, dass sie vielleicht eine kürzere Pause machen könnte und so früher nach Hause gehen könnte.

____

____

____

No sé... Es posible, pero en mi opinión, no cambiaría mucho. El problema es que en este momento tenemos un montón de trabajo. 🙁

E2 Creo que soy fiable

2a Lesen Sie den Artikel auf Seite 63 erneut und suchen Sie darin jeweils ein Beispiel für die folgenden Umschreibungen. Vergessen Sie die Präpositionen nicht!

> Soy **bueno / buena para** cocinar, **para** organizar...
> Soy **bueno / buena en** español, **en** deporte...

1. tener talento natural para algo:

   se le da mejor a... ______

2. ser bueno para hacer algo:

   ______

3. saber hacer algo:

   ______

4. no ser bueno en algo:

   ______

2b Antonia hat die folgende Stellenanzeige im Internet gefunden. Suchen Sie darin nach Ausdrücken, die den Sätzen 1 bis 4 unten entsprechen.

Empresa líder del sector de márquetin con sedes en toda España busca para su filial en Sevilla un/una candidato/a para la posición de

RESPONSABLE DE OFICINA COMERCIAL

El candidato ideal debe cumplir los siguientes requisitos:

- experiencia laboral mínima de un año
- alta capacidad de organización
- excelentes conocimientos de informática
- don de gentes, positivo, fiable, capaz de trabajar en un equipo internacional

Se requieren buenos conocimientos de inglés.

Disponibilidad: de lunes a viernes / no teletrabajo

1. Tiene que tener estas características: *debe cumplir...* ______
2. Ya ha trabajado: ______
3. Sabe organizarse muy bien: ______
4. Sabe relacionarse con otras personas: ______

2c Nachdem sie die Stellenanzeige gelesen hat, denkt Antonia über ihre Stärken und Schwächen nach und schreibt diese auf einen Zettel. Können Sie Antonias Stärken und Schwächen mithilfe der Ausdrücke aus den Aufgaben 2a und 2b beschreiben?

☺ *Puntos fuertes: informática; organización; también trabajos manuales (p. ej. ¡arreglar un lavabo!)*

☹ *Puntos débiles: idiomas extranjeros; deporte*

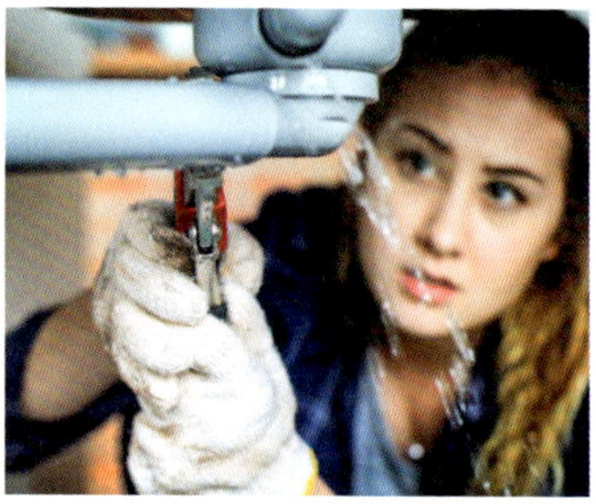

A Antonia se le da bien ______________________________

____

____

____

____

____

2d Antonia und ihr Bruder Pablo tauschen sich über die Stellenanzeige aus. Lesen Sie die E-Mails und fassen Sie sie auf Seite 69 zusammen: Welche Zweifel hat Antonia? Wozu rät ihr Pablo?

Hola, mira el anuncio del enlace, pienso que es el trabajo idóneo para mí. Tengo los conocimientos técnicos que están buscando y pienso que soy "positiva y fiable", tal y como piden. El único problema es que creo que los sueldos de esta empresa son más bajos que los de la media o, al menos, eso es lo que he descubierto... En fin, que no estoy segura de que paguen bien. ¿Qué te parece? ¿Me presento de todas formas? Tendría que enviar mi currículo antes del 1 de agosto. Besitos, Antonia

Hola hermanita: Sí, por supuesto, ¡mándalo enseguida! Me parece que es el puesto ideal para ti, no creo que haya muchas personas con un perfil similar. Además, seguramente la empresa tiene prisa por encontrar a alguien. Dudo mucho que quieran esperar hasta agosto, cuando la mitad de los empleados está de vacaciones. Por eso, escribe el currículo y mándalo enseguida. Y no te preocupes por el sueldo, puedes negociarlo más tarde. ¡Besos, hermanita! Pablo

Antonia:

Para Antonia los sueldos ____________________

____

____

Pablo:

Según Pablo, Antonia debería ____________________

____

____

2e Lesen Sie die beiden E-Mails auf Seite 68 noch einmal und ergänzen Sie die Tabelle.

Antonia **piensa que...** **cree que...** **no está segura de que...**	*es el trabajo* ________ ________ ________

Pablo **no cree que...** **duda que...** **A Pablo le parece que...**	*haya* ________ ________ ________

***creo / pienso / me parece que* + Verb im Indikativ:**
(yo) creo que la empresa **paga** bien, pienso que **soy** fiable, me parece que **puede** ser interesante

***no creo / no pienso / no estoy seguro de / dudo que* + Verb im Subjuntivo:**
(yo) no creo que **quieran** esperar más, dudo que **haya** otras personas con tu perfil

2f Antonia macht sich weiter Sorgen ... Bringen Sie ihre Gedanken in möglichst abwechslungsreiche vollständige Sätze (siehe Übung 2e).

Gerente de la empresa: seguramente no decisión hasta agosto → necesito más tiempo para mí y para mi inglés 🙁

¿Trabajo interesante o no?

¡Vivir en Sevilla no es barato! ¿O sí?

Antonia cree que el gerente de la empresa no

2g In diesem Kapitel sind Ihnen viele Adjektive begegnet, die den Charakter einer Person beschreiben (z. B. *optimista* oder *nervioso*). An wie viele solcher Adjektive können Sie sich erinnern? Schreiben Sie sie auf. Danach können Sie Ihre Liste mit den Adjektiven aus dem Text auf Seite 63 vergleichen. Fehlt etwas? Versuchen Sie abschließend, den Charakter einer Person aus Ihrem Umfeld zu beschreiben.

optimista, nervioso,

... es una persona alegre, bastante generosa...

No es

E3 Queridos colegas...

3a **Alejandro macht ein Praktikum bei einer Firma in Spanien. Er hat beim Drucker einige Papierfetzen auf dem Boden gefunden und ist neugierig geworden, worum es geht. Helfen Sie ihm, den Text wieder in die richtige Reihenfolge zu bringen.**

***pedir, rogar, permitir, prohibir que* + Verb im Subjuntivo**

- ☐ trabaja. Por eso, hemos decidido por primera vez
- ☐ algunas reglas: los perros no deben molestar a otros compañeros y no pueden entrar en zonas comunes y específicas como
- ☐ el Día Mundial del Perro en la Oficina. Este día, cada vez más empresas permiten que los empleados lleven
- ☐ dejéis a vuestro perro en casa. Por otra parte, los perros tendrán que contar con agua y comida en la oficina. Os rogamos que los saquéis a
- ☐ es posible encontrar una solución satisfactoria para todos, os rogamos que
- ☐ la presencia de un perro en la oficina tiene muchas ventajas: relaja y mejora el humor y la motivación de quien
- ☐ podrá moverse libremente. Quedamos a vuestra disposición para más detalles y posibles preguntas de vuestra parte.
- ☐ participar en esta iniciativa: el próximo viernes, si tenéis un perro, podéis traerlo a la oficina. Importante: todos los colegas que comparten el mismo despacho tienen que estar
- 1 Querid@s compañer@s: Desde hace unos años, el último viernes de junio se celebra en muchos países
- ☐ de acuerdo con la presencia de animales. Si alguien tiene alergia o miedo a los perros y no
- ☐ a sus perros al trabajo. Incluso parece que
- ☐ pasear antes o después del trabajo (salir brevemente a la calle durante la jornada laboral es posible si se trata de una excepción). Os pedimos también que respetéis
- ☐ el comedor y la cafetería, las salas de reuniones y los aseos. Os pedimos que el perro se quede en vuestro despacho, donde

E

3b Die Ankündigung des „Bürohundetags" macht natürlich schnell die Runde und die Kolleginnen und Kollegen diskutieren im Firmenchat darüber. Lesen Sie die folgenden Aussagen und markieren Sie in Grün diejenigen Reaktionen, die für die Hunde im Büro sprechen, und in Rot die, die dagegen sprechen.

El animal se aburriría porque no puede llevar su ritmo habitual.

No tiene que quedarse en casa solo todo el día.

Tiene que estar demasiado tiempo debajo del escritorio sin moverse.

Se acostumbra a otras personas y a distintos ambientes.

Supone un riesgo para las personas que tienen alergia.

Un perro ladra a veces y hace ruido.

Con tu perro en la oficina te sientes más tranquilo.

Si hay otros perros en el mismo despacho, podría ser un problema.

No a todo el mundo le gusta tener un animal cerca.

Un animal puede transmitir enfermedades.

Es más difícil concentrarse en el trabajo.

La presencia de perros en las empresas aumenta la motivación de los empleados.

3c Fernando, der am Freitag mit Alejandro im gleichen Büro arbeitet, hat ihm eine E-Mail geschickt: Er möchte seinen Hund mitnehmen! Alejandro leidet an einer Allergie, möchte aber eine Lösung finden. Helfen Sie ihm, Fernando zu antworten. Folgen Sie dabei der Argumentation.

- Er bedankt sich für die Information. Aber er glaubt nicht, dass es eine gute Idee ist, dass er den Hund mitbringt. → Leider Allergie!
- Er hat schon an mögliche Lösungen gedacht: Fenster offenlassen, Abstand zwischen den Schreibtischen vergrößern, aber er ist nicht sicher, dass das reicht.
- Er glaubt aber, dass Susana am Freitag nicht arbeitet. → Büro frei. Das könnte die Lösung sein!
- Er informiert sich und meldet sich wieder.

Hola, Fernando:

Muchas gracias por la información, pero no creo

F ¡Lo mejor para relajarse!

F1 Un programa amplio e interesante

1a Peter ist im Urlaub in Málaga. Im Zentrum hat ein Plakat sein Interesse geweckt. Leider ist das Plakat vom Wind zerrissen worden. Rekonstruieren Sie es, damit Peter es lesen kann.

En el marco de las próximas jornadas deportivas municipales invitamos a tod@s l@s interesad@s a participar el sábado y el domingo 29 y 30 de junio en

1.

distintos puntos de la ciudad como el estadio de Atletismo Ciudad de Málaga, el polideportivo Ciudad Jardín o el centro deportivo El Palo, entre otros. Para ver

2.

un programa amplio, interesante y muy variado. Por ejemplo, escalada con niños, yoga para animales, esgrima, pádel, cursos de zumba, tango o flamenco para los amantes del baile, competiciones de petanca para los mayores, incluyendo además entrenamientos de moda como los saltos con camas elásticas o deportes más exigentes como el atletismo

3.

a las que pueden asistir todos y que tendrán lugar dentro de las instalaciones o al aire libre. Por motivos de espacio, se requiere una inscripción previa gratuita para

4.

como el formulario de inscripción. Para cualquier tipo de pregunta, contáctanos **aquí**.

☐ (importante: para participar en estos últimos hay que presentar un certificado médico). Nuestro equipo de entrenadoras y entrenadores cualificados facilitarán información sobre las últimas novedades en sus respectivas disciplinas con presentaciones

☐ los cursos que tienen lugar en los gimnasios; las presentaciones al aire libre no necesitan inscripción previa. En el enlace málagahacedeporte@mail.es encontrarás información sobre las distintas disciplinas deportivas así

☐ la 3.ª edición de "Sí al deporte y la salud". Las actividades en colaboración con la asociación "Deporte Costa del Sol" se celebrarán en

☐ el programa completo haz clic **aquí**. El objetivo es fomentar el ejercicio físico en todas las edades, ofreciendo

1b Suchen Sie auf dem Plakat (Seite 74) die Begriffe für folgende Sportarten und schreiben Sie sie darunter.

A ______________________

B ______________________

C ______________________

D ______________________

1c Wie viele Sportarten finden Sie noch in der Wortschlange?

paracaídas carrera de obstáculos piragüismo raqueta pesca submarina red escalada esgrima cancha paracaidismo pádel Fórmula 1 ciclismo aletas pelota vóleibol gafas de bucear pimpón

1d Peter hat Adriana, seiner spanischen Freundin, eine SMS geschickt. Anscheinend hat er den Ankündigungstext in 1a zu schnell gelesen ... Vergleichen Sie den Text auf dem Plakat mit Peters SMS: Welche Informationen in Peters SMS hat Adriana korrigiert? Vervollständigen Sie.

¿Tienes ganas de hacer deporte la próxima semana de lunes a domingo? Va a haber distintas competiciones deportivas. Son para todos. También habrá profesores que presentarán las novedades en los gimnasios y al aire libre. Solo hace falta inscribirse y tener un certificado médico para poder participar. Me encantaría probar la esgrima 🙂

¡Qué interesante, Peter 🙂! Pero quizás no lo has leído bien 😉. He mirado la página web que indican en el cartel, pero creo que...

las jornadas no se celebran de lunes a domingo, sino... ______________________

No solo hay competiciones, ______________________

Además, no hace falta ______________________

Y no es necesario ______________________

F

1e Adriana und Peter haben ihren SMS-Austausch fortgesetzt. Sie scheinen nicht immer der gleichen Meinung zu sein. Lesen Sie und vervollständigen Sie die Tabelle unten.

Peter, quería decirte que acabo de consultar la página y creo que no es necesario un certificado para todos los cursos, solo para los que requieren más condición física.

Mmm, no sé, yo creo que sí es necesario, además, no está mal tenerlo. Estoy llamando a los organizadores para ver si me lo confirman, pero no me contestan. Volveré a intentarlo más tarde.

En cualquier caso, yo no voy a apuntarme a esgrima, Peter. Dejé de hacer deporte hace unos meses y no me encuentro para nada en forma.

Pues a Pablo, que tampoco hacía ejercicio desde hacía mucho tiempo y que es una persona muy poco deportista, se lo aconsejó su fisioterapeuta. Al parecer consigues óptimos resultados rápidamente.

Puede ser, pero no creo que sea bueno para mis rodillas. ¡Seguro que hay ejercicios mejores! Acabo de bajarme el programa detallado de todos los cursos, quiero empezar a mirarlo con calma antes de decidirme por uno u otro. Te escribo más tarde, ¿vale?

Adriana piensa que	el certificado... la esgrima...
Peter piensa que	el certificado... la esgrima...

1f Suchen Sie im SMS-Austausch in 1e jeweils ein Beispiel, das ausdrückt, ...

1. ... dass man etwas wieder tut: __________
2. ... dass man aufhört, etwas zu tun: __________
3. ... dass man anfängt, etwas zu tun: __________
4. ... dass man gerade dabei ist, etwas zu tun: __________
5. ... dass man etwas gerade getan hat: __________

1g Adriana versucht, auch Sie für das Sportprogramm am Wochenende zu begeistern. Antworten Sie ihr und drücken Sie Ihre Gedanken (in Klammern angegeben) auf Spanisch aus.

¿Has visto el programa? ¡Es muy completo y lo que más me gusta es que pueda participar todo el mundo! Podemos ir el sábado, seguro que lo pasaremos genial. Venga, ¡anímate!

(Sie sind unsicher ... Sie denken gerade darüber nach. Ist das Programm wirklich für alle? Auch für Unsportliche (personas poco deportistas)?

¡Pues claro! Hay muchas actividades distintas. Por ejemplo, seguro que te encanta aprender a jugar al pádel, que está muy de moda.

(Sie haben schon Paddel-Tennis gespielt, aber Sie haben vor zwei Jahren aufgehört zu spielen, weil Sie Probleme mit dem Rücken hatten. Sie wollen nicht wieder Paddel-Tennis spielen.)

Bueno, pues si quieres hacemos un curso de zumba...
¡Tiene que ser muy divertido!

(Sie wollen nicht anfangen, etwas zu lernen, wenn Sie nicht sicher sind, dass es Ihnen gefällt.)

Y entonces, ¿qué hacemos el sábado?

(Was hältst du davon, einfach am Strand spazieren zu gehen? 😉)

F2 Es bueno hacer ejercicio

2a Elena hat gerade eine E-Mail von der Personalleiterin bekommen. Soll sie sich Sorgen machen? Lesen Sie die E-Mail und wählen Sie aus.

Estimados, estimadas colegas:

Nos complace comunicaros que a partir de la próxima semana estará a vuestra disposición una entrenadora personal que os ayudará a mejorar vuestro bienestar y eficiencia laboral. Su nombre es Almudena Alcalá y es una fisioterapeuta sumamente cualificada. Podéis recurrir a ella para pedirle consejos prácticos –por ejemplo, sobre la mejor postura delante del ordenador– o para participar en los cursos de gimnasia, meditación y yoga que ha diseñado para nuestra empresa. Nos alegraría contar con muchos de vosotros.

Algunas informaciones sobre estos cursos: tienen lugar por las mañanas y por las tardes antes y después del horario habitual de trabajo, es decir, de 7:30 a 9:00 h de la mañana y de 19:30 a 21:00 h de la tarde. Se celebrarán en la sala F del edificio central. Hay cursos todos los días de lunes a jueves. Los viernes no habrá cursos. También estamos barajando la posibilidad de organizar algunos de los cursos al aire libre.

Adjunto a este correo encontraréis dos documentos: el programa de los cursos y el formulario de inscripción. Rogamos realizar la inscripción hasta el 15 de mayo para poder empezar el 1 de junio como está previsto. Para más información, poneos en contacto con mi compañero Teófilo Medina del Departamento de Recursos Humanos.

Y por último, no quiero que se me olvide este gran proyecto que hemos pensado para crecer todavía más como grupo. El próximo mes de septiembre queremos pasar con vosotros un fin de semana en la Sierra de Cazorla, para divertirnos y fomentar el *team building* con actividades como el barranquismo o el *rafting*, y acostumbrarnos a encontrar orientación y apoyo en nuestros y nuestras colegas. Habrá equipos distintos y necesitamos al menos 20 participantes para que sea posible. ¡Os invitamos y animamos a acompañarnos a la Sierra de Cazorla! Os ruego que me contactéis antes del 1 de julio.

Un cordial saludo,

Elvira Montes Salvatierra

Departamento de RRHH

Coordinadora

Elena ☐ debe ☐ no debe preocuparse,

☐ porque la Sra. Montes Salvatierra propone una reorganización de los departamentos.

☐ porque la Sra. Montes Salvatierra anuncia un aumento de las horas de trabajo.

☐ porque la Sra. Montes Salvatierra comunica a los empleados las iniciativas para mejorar la salud física y mental de la empresa.

2b Lesen Sie die E-Mail noch einmal und entscheiden Sie, welche Aussagen zutreffen.

1. La entrenadora personal ofrece solo cursos de gimnasia / cursos de gimnasia y consultas / solo cursos de deporte al aire libre.
2. Los cursos empezarán en mayo / junio / septiembre.
3. Los cursos son obligatorios / voluntarios / obligatorios para algunos empleados.
4. Los cursos tienen lugar en las pausas del mediodía / antes del trabajo / antes y después de la jornada normal de trabajo.
5. Los viernes no hay cursos / hay cursos por la mañana / hay cursos por la tarde.
6. En septiembre está planeado/-a una excursión cultural de un día a Cazorla / una excursión de montaña en Cazorla / un fin de semana de actividades deportivas de aventuras en Cazorla.
7. Para participar en la actividad pensada en Cazorla hay que contactar con Almudena Alcalá / con Teófilo Medina / con Elvira Montes Salvatierra.

2c Suchen Sie in der E-Mail die Wörter, die diesen Ausdrücken entsprechen.

1. estar para alguien ____________________
2. celebrarse ____________________
3. junto a este correo electrónico ____________________
4. escribir o llamar a una persona ____________________
5. pensar distintas opciones posibles ____________________

2d Die E-Mail hat einen etwas förmlichen Stil. Schreiben Sie hier die Floskeln aus der E-Mail, die eine ähnliche Bedeutung haben.

1. Estamos muy contentos de poder comunicaros algo:

   ____
2. Pedimos hacer la inscripción hasta el 15 de mayo:

   ____
3. Queremos que nos acompañéis a la Sierra de Cazorla:

   ____

2e Elena ist neugierig und hat in den sozialen Medien die Website von Almudena Alcalá gesucht. Leider sind auf der Seite Fotos und Titel durcheinandergeraten. Bringen Sie sie wieder in Ordnung! Wählen Sie für jeden Abschnitt den treffenden Titel aus der Liste und ordnen Sie das passende Foto zu!

Qué ofrecemos • Razones para inscribirse • Instalaciones • Quiénes somos

1 

2 

3 

4 

A ______________________________

¡Bienvenida, bienvenido! ¿Son importantes para ti la salud y la condición física? ¿Has decidido pensar más en ti mismo/a? ¿Eres una persona deportista y quieres mantenerte en forma? ¡Entonces esta es tu página! Somos un equipo de instructores e instructoras jóvenes y dinámicos/as, que desde hace cinco años nos dedicamos a fomentar el deporte en todos los niveles.

B ______________________________

Hacer ejercicio es importantísimo para tu bienestar personal en todas las edades. Si estás en forma, tienes más energía, reaccionas mejor ante situaciones de estrés y vives más tiempo de forma saludable. ¿A qué esperas? ¡Es el momento justo para comenzar!

C ______________________________

Programamos y practicamos entrenamientos individuales y también en pequeños grupos (máximo de cuatro personas) según la edad y las necesidades de nuestros clientes. Asimismo ofrecemos un programa flexible de cursos para empresas adecuados para todos, también con sesiones breves para realizarse dentro del despacho en las pausas activas o en casa, si trabajas a distancia.

D ______________________________

Según el tipo de entrenamiento o de curso, las sesiones se realizarán en nuestro gimnasio, en el domicilio del cliente o directamente en la empresa. Algunas actividades (carreras, marcha nórdica o atletismo) se harán al aire libre o en las pistas de atletismo del estadio municipal.

¿Hemos despertado tu interés? Entonces escríbenos en este enlace. Nos pondremos en contacto contigo lo antes posible.

2f Die Firma hat die Mitarbeiter/innen, die an den Sportkursen teilgenommen haben, um ein kurzes Feedback gebeten. Welche Informationen hat Elena geschrieben? Füllen Sie die Tabelle aus.

Asunto: Opinión curso de Almudena

He decidido asistir al curso de pilates de los martes. Quería hacer algo para la espalda y también básicamente bajar el nivel de estrés después de estar todo el día en la oficina. Y, desde luego, tengo que decir que el curso me está encantando. Almudena es una entrenadora genial y tiene mucha paciencia, además nos motiva constantemente con nuevos ejercicios para fortalecer la espalda o para relajarnos al final. También le da mucha importancia a los estiramientos, algo que a mí me viene muy bien. Después de cada sesión me siento más ágil y llena de energía. Mis dolores de espalda casi han desaparecido por completo. ¡Ah! Por cierto, me gustaría aprovechar esta oportunidad para hacer una observación: el curso empieza a las 8 de la tarde, un horario que no me viene muy bien, porque suelo empezar a trabajar a las 8 y media de la mañana. He preguntado un poco a mis compañeros y la mayoría preferiría empezar antes, por ejemplo, a las 7 de la tarde. Es que si no, cuando terminamos, son las 9 y se hace muy tarde.

¿Tipo de curso?	______________________
¿Por qué quería Elena participar en él?	______________________
¿Qué se hace en el curso?	______________________
¿Cómo se siente Elena después?	______________________
¿Observaciones de Elena?	______________________

2g Auch Thomas aus Zürich, der im Moment bei der Firma arbeitet, soll ein Feedback hinterlassen. Aber er traut sich noch nicht, auf Spanisch zu schreiben. Übernehmen Sie es mithilfe der folgenden Notizen.

Anmeldung für den Kurs „Gymnastik für jeden“ – damit sehr zufrieden! Der Kurs hat sowohl in der Firma als auch im Freien stattgefunden. Alle Unterrichtsstunden → 🙂🙂! Sie waren nicht immer einfach, aber am Ende der Stunde → immer voller Energie.

Almudena hat mir auch geholfen, meinen Arbeitsplatz besser zu organisieren. Seitdem → kein Kopfweh mehr, weniger gestresst und Fitness deutlich verbessert.

Ich lade alle dazu ein, dieses Angebot auszunutzen, weil es wirklich eine sehr gute Initiative ist.

____

F3 Salir de la rutina

3a Susana ist ziemlich sauer und schreibt ihrem Partner Vicente. Worum geht es? Lesen Sie die Nachricht und vervollständigen Sie die Begründung.

Estoy muy enfadada con mi hija. Cada vez es peor con ella: hace lo que quiere, no estudia y en casa no ayuda ni lo más mínimo y tengo que hacerlo todo yo. Y esta noche, o esta mañana, mejor dicho, ha vuelto a las 4.00 de la mañana. Y ni siquiera me ha puesto un mensaje. Así es que he estado esperándola toda la noche. ¡Esto es demasiado! ¡Es necesario que cambie algo!

Susana está enfadada porque

____

____

____

____

____

Subjuntivo nach unpersönlichen Ausdrücken

Nach unpersönlichen Ausdrücken wie z. B. **es mejor que / lo mejor es que** oder **es importante / necesario que** steht das Verb im **Subjuntivo**.

Es mejor que tú **descanses** un poco.

Es necesario que cambie algo.

3b Vicente hat geantwortet, aber seine SMS ist nicht ganz lesbar. Wie war der Text ursprünglich? Rekonstruieren Sie ihn mithilfe der Wörter aus der Liste.

algún sitio • no te enfades • rutina • éramos • vamos • hagas

Venga, cariño, ________________, ¡es la edad! A los 17 años todos ________________ así. Yo creo que lo mejor es que este fin de semana ________________ una pausa y vayas a ________________. O mejor, mira, ¿sabes una cosa? ¡________________ juntos! Salir unos días y romper con la ________________ te vendrá fenomenal. ¿Qué te parece? Ahora mismo voy a buscar dónde podemos ir...

3c Vicente hat Susana mit weiteren Tipps überflutet. Susana ist gerade dabei, sie zu löschen. Was hatte er ihr noch empfohlen?

1. Llama a tu hija: lo mejor es que habl_____ con ella.
2. Es necesario que vosotras os tranquilic_____ un poco.
3. Esta noche te invito a cenar. Es mejor que (tú) sal_____ y piens_____ en otra cosa.
4. Es importante que la chica entien_____ que tiene que cambiar.

3d Vicente ist im Internet fündig geworden. Würde dieses Angebot zu Susanas Bedürfnissen passen? Warum? Welches Paket käme für Susana und Vicente in Frage? Unterstreichen Sie es.

Balneario de Archena: relájate y disfruta del poder del agua

Ubicado en el valle de Ricote, a solo 15 minutos de la ciudad de Murcia, este complejo termal es uno de los mejores balnearios de España. Con una superficie de más de 200.000 m², alberga dos piscinas termales grandes con agua a 32°C y circuitos acuáticos a distintas temperaturas. El balneario ofrece también una gran gama de tratamientos a base de aguas mineromedicinales, lodo y otros productos. Además de los masajes de tipo cosmético y relajante, el cliente puede elegir entre sesiones cortas de diez minutos para las zonas que sufren más estrés como la espalda, las piernas y la cabeza, y sesiones más extensas, en las que se aplica gel frío y lodo. Contamos con las terapias más innovadoras, como la "flotación asistida", en la que un técnico especializado mueve al cliente en la superficie del agua con movimientos suaves hasta llegar a la máxima relajación y así desconectar completamente de la vida diaria.

Disponemos de muchas promociones; por ejemplo, el paquete "Relax total", para parejas que quieren disfrutar de un fin de semana sin pensar en la familia o en los hijos. En esta promoción se incluyen una noche en uno de nuestros magníficos hoteles, una cena especial con velas, una sesión de masaje y el libre acceso a las piscinas termales, además de un pequeño regalo de bienvenida. Pero también para los mayores de 60 años tenemos una oferta promocional: "Renuévate", de tres noches, con alojamiento y pensión completa, libre acceso a las piscinas y la opción de consultar con uno de nuestros médicos. Pensando asimismo en los que desean un plan concreto de adelgazamiento saludable, hemos ideado el programa "Adelgazar es fácil", en el que el cliente tendrá la oportunidad de consultar con un nutricionista que realizará un plan dietético invidualizado, acompañado de ejercicios y paseos por nuestras instalaciones.

¡Consúltenos por teléfono o escríbanos en el chat!
Estaremos encantados de atenderle.

3e Auf der Website sind an mehreren Stellen Slogans zu finden. Aber einige sind nicht mehr aktuell. Lesen Sie den Werbetext in 3d noch einmal und streichen Sie die Aussagen durch, die falsch sind.

Prueba nuestros tratamientos acuáticos relajantes

Fin de semana inolvidable en las aguas del lago de Archena

¡Piscinas y diversión en familia!

Semana de ciclismo en nuestras instalaciones

Masajes y tratamientos para todos los gustos

F

3f Im Willkommensgeschenk haben Susana und Vicente einige Naturprodukte gefunden. Entscheiden Sie, wozu sie gut sind, indem Sie die Aufkleber den Beschwerden aus der Liste zuordnen.

problemas con el sueño • piel delicada • gripe • piernas cansadas • asma

1. Pomada de aloe, ideal para mejorar la circulación
2. Infusión de valeriana y manzanilla, para combatir el insomnio
3. Pastillas de limón y tomillo, lo mejor contra los problemas respiratorios
4. Tisana de eucalipto y jengibre, para la fiebre y el dolor de garganta
5. Mascarilla de zanahoria y miel, para pieles sensibles

3g Bevor sie etwas buchen, wollen Susana und Vicente weiter recherchieren. Lesen Sie diese Rezensionen und ordnen Sie die passenden Sternchen zu, die die Gäste gegeben haben. Eine Bewertung bleibt übrig.

★★★★ excelente ★★★ bueno ★★ regular ★ no recomendable

Nina ____

La zona de las piscinas debería estar más cuidada y más limpia. No es necesario que limpien constantemente, pero sí algo más a menudo, sobre todo cuando hay muchas personas por las tardes. La ubicación del balneario es perfecta, la comida también muy buena, y en general la relación calidad-precio me parece adecuada. De todas formas, la estancia no me pareció nada especial. En fin, no creo que vuelva...

Luis ____

Estuve allí hace un mes con mi mujer. Reservamos una promoción de tres noches para mayores de 60 años y tengo que decir que pasamos unos días estupendos. Hicimos tratamientos distintos, también la flotación asistida, todo muy bien. El hotel, la comida, los camareros, como esperábamos. Nuestra habitación era muy tranquila y espaciosa. Claro que el sábado por la tarde los circuitos acuáticos estaban bastante llenos y había bastante ruido, pero bueno, no todo va a ser perfecto, ¿no? Eso es lo único que nos molestó un poco.

Laura ____

Fuimos allí con nuestros hijos de dos años y ocho meses, y la verdad, no es un sitio para ir con niños tan pequeños. Antes de reservar, pregunté en el chat de la página web si realmente podían recomendarme el balneario para esas edades. Me dijeron que sí, que no había ningún problema. Pero cuando llegamos a las piscinas, nos llevamos una gran desilusión, porque había otras familias pero con niños más mayores, que gritaban y jugaban a la pelota en el agua o se tiraban a la piscina sin mirar... Además ni siquiera pudieron darnos albornoces o toallas infantiles. En fin, todo lo contrario a lo que buscábamos. Queríamos descansar y fue bastante estresante.

3h Lesen Sie die Rezensionen noch einmal: Welche Probleme wurden von den Gästen festgestellt? Welche sind die Pluspunkte?

Problemas:

______

______

Aspectos positivos:

______

______

3i Am Ende ihres Aufenthalts will Susana noch einen kurzen Online-Bericht über die Thermen zusammenfassen. Übernehmen Sie das mithilfe der folgenden Notizen.

Reservé la promoción "Relax total" → agradable sorpresa ☺ → solo un fin de semana pero muy relajados y contentos después. Único problema: ¡llegar al balneario! Por desgracia, las explicaciones en la página web no son correctas del todo (además, desde marzo la carretera está en obras y te desvían a otro pueblo). ¡Tardamos dos horas en llegar! Mejor → no recomendar nada en Internet o advertir de los problemas que puede haber en la carretera → necesario: controlar a menudo la página web para evitar problemas de este tipo. Pero en general ☺ ☺, pensamos → volver en septiembre

______

______

G Lenguas en contacto

G1 Idiomas oficiales

1a **Neben dem *español* oder *castellano* werden in Spanien weitere Sprachen gesprochen. Diese Sprachen haben offiziellen Status in den Regionen, wo sie verbreitet sind. Was wissen Sie darüber? Lesen Sie die Aussagen unten und wählen Sie die richtige Option.**

1. Son lenguas románicas, originarias del latín, las siguientes lenguas que se hablan en España de forma oficial:
   - ☐ castellano, vasco, gallego, catalán
   - ☐ vasco, catalán, gallego
   - ☐ gallego, castellano, catalán
2. En España, aproximadamente el … de los habitantes vive en comunidades autónomas que tienen más de una lengua oficial.
   - ☐ 50 %
   - ☐ 40 %
   - ☐ 25 %
3. Se considera que hablan catalán en total unos … de habitantes repartidos en distintas regiones y países.
   - ☐ 3 millones
   - ☐ 7 millones
   - ☐ 10 millones

1b **Lesen Sie jetzt den Bericht über die Sprachen, die in Spanien gesprochen werden. Falls notwendig, korrigieren Sie Ihre Hypothesen in Punkt 1a mithilfe des Textes.**

Según la Constitución española el castellano es la lengua oficial del Estado y las demás lenguas españolas son también oficiales en las Comunidades Autónomas en las que se hablan. Junto al castellano son lenguas oficiales el catalán, que se habla en Cataluña, Baleares, zonas de Aragón, Francia y Cerdeña, y que cuenta con unos 10 millones de hablantes; el valenciano de la Comunidad Valenciana; el vasco o euskera, del País Vasco, zonas de Navarra y del País Vasco Francés y, por último, el gallego de Galicia. De todas ellas el euskera es la única lengua que no proviene del latín. Su origen es realmente un misterio. Algunos lingüistas consideran que es la lengua más antigua de Europa. Con toda esta variedad de idiomas, España es uno de los países más plurilingüe de Europa. De hecho aproximadamente un 40 % de su población es bilingüe.

1c Welche dieser Aussagen sind nicht korrekt? Vergleichen Sie mit den Informationen im Bericht von 1b und wählen Sie aus.

1. El castellano solo es lengua oficial en las regiones que no tienen otros idiomas oficiales.
2. En las Islas Baleares se habla catalán y castellano.
3. El origen del vasco es desconocido.
4. El catalán solo se habla en Cataluña.

1d Lieben Sie Herausforderungen? Hier finden Sie eine Liste von Wörtern, die im *castellano* weit verbreitet sind, aber ursprünglich aus dem *gallego*, *catalán* oder *vasco* stammen. Versuchen Sie, die Beschreibungen dem passenden Wort zuzuordnen.

cohete • alud • izquierda • chubasquero • orgullo • morriña

1. Sentimiento de satisfacción por un logro. La palabra entró en el castellano desde el sustantivo catalán *orgull*.
2. Palabra de origen gallego que significa "tristeza o nostalgia especialmente de la tierra natal".
3. Proviene del catalán *coet* y designa un fuego de artificio formado por un tubo de cartón y pólvora. También es el nombre que reciben las naves que se lanzan al espacio.

4. En vasco se llama *lurte* y significa "derrumbamiento de tierra". El derivado castellano pasó a denominar a una masa de nieve que baja con violencia de una montaña.
5. Especie de chaqueta impermeable que se utiliza cuando llueve. Viene de la palabra de origen gallego *chubasco* , que significa "lluvia repentina que dura poco tiempo".
6. Es el contrario de "derecha". Mientras que "derecha" es una palabra de origen latino, su contrario viene del euskera.

1e Ein Institut hat eine Meinungsumfrage durchgeführt; die Antwort eines Befragten hat eine Diskussion ausgelöst. Welche der Aussagen unten trifft am besten die Diskussion im Chat zwischen Esteban und Julio?

Esteban y Julio discuten sobre...

a. cómo se aprenden las lenguas extranjeras;

b. los distintos dialectos del castellano;

c. las diferencias entre las lenguas y los dialectos;

d. la gramática y el léxico de una lengua.

@ Esteban ¡¿Pero qué dice este señor?! El andaluz no es una leguna, es solamente un dialecto o una variante del castellano, lo mismo que el extremeño o el canario. Una lengua se escribe y se aprende en la escuela, sin embargo un dialecto se aprende en contacto con los demás, con la familia, simplemente hablándolo desde pequeño y normalmente no se escribe.

@ Julio Bueno ¿y por qué piensas eso? En mi opinión el señor tiene razón. Un dialecto tiene sus propias reglas y un vocabulario específico. Además, una lengua también se aprende de forma espontánea, hablando con los padres y con las personas del entorno cercano a alguien. La lengua materna no se aprende en el colegio.

@ Esteban ¡Qué va! No hay comparación. Las reglas de un dialecto son mucho más fáciles. Además, las palabras de un dialecto no son tan diferentes a las de la lengua de la que provienen. En cambio, las diferencias entre dos lenguas distintas son muy grandes.

@ Julio ¡Ah!, ¿sí? A ver... ¿entiendes esta frase? "Quillo, ¡vaya jartá a reír que nos hemos pegao!"

@ Esteban ??

@ Julio Pues es andaluz y significa: "Chico, ¡cuánto nos hemos reído!". Y hay muchas más... Por ejemplo, ¿sabes qué quieren decir "miarma", "una mijita" y "¡cucha!"?

@ Esteban Pues no, la verdad.

@ Julio Pues "miarma" equivale a 'mi alma' y se utiliza para hablar con alguien con cariño, "una mijita" es 'un poquito' y "¡cucha!" quiere decir '¡escucha!'.

@ Esteban Vale, pero yo sigo pensando que una lengua tiene otras características y más diferencias. Si no, ¡cualquiera sería políglota!

1f Wer sagt was? Lesen Sie die Diskussion in Übung 1e noch einmal und kreuzen Sie an.

	Esteban	Julio
1. Una lengua se aprende directamente de otras personas sin tener que hacer un curso.	☐	☐
2. Las lenguas se aprenden en el colegio, los dialectos no.	☐	☐
3. Según él, un dialecto también tiene palabras y expresiones propias y da varios ejemplos.	☐	☐
4. Un dialecto del castellano se reconoce porque tiene reglas y palabras bastante parecidas al castellano.	☐	☐

1g Ihre Freundin Monika will am Chat teilnehmen, aber ihr Spanisch ist nicht so gut. Helfen Sie ihr, ihren Beitrag zu posten.

Wo ist das Problem? Einer kann sowohl Dialekt als auch die Hochsprache gut sprechen; aber wichtig → viele gute Sprachbeispiele – schriftlich und mündlich. Z. B.: wenn in der Familie nur Dialekt gesprochen → notwendig, dass Kinder viel lesen / für sie geeignete Sendungen in der Hochsprache sehen. Aber eins schließt das andere nicht aus! Ganz im Gegenteil: sowohl einen Dialekt als auch die Hochsprache zu sprechen → nur von Vorteil.

@ Monika *¿Dónde está el problema? Uno puede...* ____________________

____

____

G2 ¿Cuántas lenguas sabes?

2a Johanna ist eine Studentin aus Hamburg und überlegt, ob sie in Katalonien studieren soll. Lesen Sie die E-Mail, die sie einem Berater der Universität Barcelona geschickt hat. Welche Zweifel hat Johanna? Wofür braucht sie einen Tipp?

Las dudas de Johanna:

____

____

____

Necesita consejo sobre:

____

____

____

Estimado Sr. Soler:

Me llamo Johanna Hoffmann, soy alemana y me dirijo a usted porque estoy pensando estudiar en Barcelona. ¡Estuve el verano pasado con unos amigos alemanes y no quería volverme a Hamburgo! Pero antes de solicitar una plaza en la universidad, quería hacerle algunas preguntas. En primer lugar, se trata de los idiomas que voy a necesitar allí. Mi idioma materno es el alemán. Hablo y entiendo inglés muy bien, porque lo estudié en el instituto y participé en un intercambio escolar de verano por tres años seguidos con jóvenes de Dublín. Además entiendo y hablo español bastante bien, ya que lo estudio desde hace dos años en mi universidad. Creo que escribo con muy pocos errores. También tengo conocimientos básicos de francés. Pero desgraciadamente no sé catalán. ¿Es muy diferente al castellano? ¿Qué lengua se utiliza en las clases? ¿Tendré problemas para entenderme con la gente?

Mi segunda pregunta se refiere a la vida en Barcelona. Me han comentado que es una ciudad bastante cara. No sé si mi beca de estudiante, si me la dan, me permitirá alquilar un piso o una habitación en un piso compartido. Además, he leído en Internet que es difícil encontrar una vivienda si eres estudiante y no te vas a quedar allí mucho tiempo. ¿Podría darme la dirección de alguna asociación de estudiantes para que me informen? Pueden contactarme por e-mail a la dirección de este correo.

Muchas gracias de antemano por su ayuda y quedo a la espera de su respuesta.

Atentamente,

Johanna Hoffmann

2b Das ist ein Teil von Johannas Dokumenten. Lesen Sie ihre E-Mail noch einmal und entscheiden Sie, was sie hier geschrieben bzw. angekreuzt hat.

Conocimientos de idiomas:	Nivel de conocimientos:
______________________	☐ lengua materna ☐ principiante ☐ regular ☐ buenos ☐ muy buenos
______________________	☐ lengua materna ☐ principiante ☐ regular ☐ buenos ☐ muy buenos
______________________	☐ lengua materna ☐ principiante ☐ regular ☐ buenos ☐ muy buenos
______________________	☐ lengua materna ☐ principiante ☐ regular ☐ buenos ☐ muy buenos

2c Suchen Sie in Johannas E-Mail die Wörter, mit denen sie Folgendes ausdrückt.

1. Sie bittet freundlich um zusätzliche Erklärungen:
____

2. Sie will ihre Anfrage in zwei Teilen strukturieren:
____

3. Sie fragt freundlich, ob ihr eine Person oder ein Verein empfohlen werden kann:
____

4. Sie macht deutlich, wie sie erreichbar ist:
____

5. Sie bedankt sich förmlich und drückt aus, dass sie eine Antwort erwartet:
____

2d Johannas Berater (siehe Übung 2a) hat ihr einen Infoprospekt geschickt. Vergleichen Sie ihn mit Johannas Anfrage: In welchen Abschnitten findet sie eine Antwort auf ihre Fragen in 2a?

En los apartados ______________________________

Universidades Barcelona es la sede de algunas de las universidades más importantes de España y de Europa, como la Universidad de Barcelona o la Pompeu Fabra. Por otro lado, también hay escuelas de negocios con renombre internacional como el IESE (Instituto de Estudios Superiores de la Empresa).

Catalán y castellano La mayoría de las clases se imparten en castellano y muchas en inglés. Pero en algunas carreras es frecuente que el docente hable en catalán. Para los estudiantes extranjeros supone una gran oportunidad estudiar en Barcelona, porque así pueden aprender y practicar dos lenguas a la vez. Además, el Ayuntamiento ofrece cursos gratuitos de catalán.

Moverse por Barcelona La red de transporte público es muy completa. Puedes usar el metro, el autobús o el tranvía. Y si prefieres ir en bicicleta, los numerosos carriles bici conectan toda la ciudad. En muchos puntos se encuentran bicicletas de alquiler por horas.

Alojamiento En Barcelona hay muchas opciones para los estudiantes, desde vivir en una residencia hasta compartir piso, una solución más económica. Eso sí, hay que tener en cuenta que normalmente el alquiler se paga por adelantado y que hay que dejar un depósito antes de poder disfrutar de tu piso o de tu habitación.

2e Welche Wörter des Prospekts drücken das gleiche aus?

1. la fama: ____________________
2. la ocasión: ____________________
3. la mayor parte: ____________________
4. la alternativa: ____________________
5. vivir en el mismo piso con otra persona: ____________________

2f Johanna saß lange am Computer, um sich über Barcelona zu informieren. Sie hat sich einige Notizen gemacht. Am Abend blickt sie nicht mehr durch. Welche Informationen sprechen für Barcelona, welche dagegen? Markieren Sie die Notizen mit + (dafür) oder – (dagegen).

Atractivos culturales: museos, eventos musicales y monumentos icónicos como la Sagrada Familia.

El precio de los alquileres está por las nubes dado que mucha gente de fuera quiere vivir aquí.

Los índices de contaminación son muy altos. De hecho es una de las ciudades con peor aire de España.

Es una de las ciudades españolas con más actividad económica y comercial, algo que puede favorecer la búsqueda de trabajo.

El clima es bastante agradable, con inviernos suaves y veranos cálidos.

2g **Wie Johanna will auch Ihr Nachbar Martin ausziehen: Er wird ein Praktikum bei einer internationalen Firma in Spanien machen. Dafür soll er Herrn Ruiz Castillo, seinen Ansprechpartner, anschreiben. Unterstützen Sie Martin: Lassen Sie sich von Johannas E-Mail inspirieren (2a bis 2c) und verfassen Sie die E-Mail für Herrn Ruiz Castillo mithilfe der folgenden Punkte.**

Sehr geehrter Sr. Ruiz Castillo,

ich bräuchte noch zusätzliche Informationen →
1. Punkt → Sprachkompetenzen. Ich: Muttersprache → Deutsch. Welches Sprachniveau wird für die Arbeit in der Firma verlangt? Ich: Spanisch – noch Anfängerniveau. Französisch – gute Kenntnisse, aber Probleme, wenn mit mir zu schnell und/oder über Fachthemen gesprochen wird. Aber Englisch – sehr gute Kenntnisse, als Schüler viele Sommerkurse in England gemacht, daher vielleicht am Anfang Kommunikation mit den Kollegen/innen auf Englisch.
2. Punkt → Unterkunft. Ich muss noch ein Appartement oder zumindest ein Zimmer finden. Können Sie mir einen Verein empfehlen, an den ich mich wenden kann?

Erreichbar immer unter dieser E-Mail-Adresse. / Ich bedanke mich... und warte auf Antwort / Mit freundlichen Grüßen

Estimado Sr. Ruiz Castillo, ...

G3 Varias lenguas en casa

3a **Isabels Familie ist mehrsprachig. Sie möchte die Situation anderer Familien kennenlernen und hat im Internet folgenden Artikel gefunden. Lesen Sie ihn. Auf welchen Link hat Isabel geklickt, um auf diesen Artikel zu kommen?**

... es/actualidad/vivir-con-dos-idiomas/

... es/educacion/familias-plurilingues/

... es/convivencia/extranjeros-en-espana/

Sarah es alemana y su marido, inglés. Están empadronados en Málaga desde hace ocho años. Sus dos hijos, Oliver y Julia, hablan alemán, inglés y español, a veces con deje andaluz. «Conmigo hablan en alemán, y con John, en inglés. Mi marido y yo preferimos el inglés cuando estamos solos, porque es nuestra lengua común ya que nos conocimos en Londres. Pero él ha hecho algunos cursos de alemán, y lo habla y entiende bastante bien. Mis hijos hablan español perfectamente, ya que lo aprendieron en la guardería y ahora lo tienen que utilizar en la escuela. Entre ellos hablan en español y también con sus amigos. Y cuando estamos con españoles, pues hablamos en español, claro», comenta Sarah y añade: «Al principio los niños mezclaban bastante las lenguas, pero ahora ya no, y saben automáticamente qué idioma utilizar en cada situación».

Gracias a la globalización el caso de Sarah ya no es una excepción, ya que cada vez hay más familias compuestas por personas de distinto origen y que, por lo tanto, hablan varias lenguas en casa. Los expertos opinan que si bien al principio los niños pueden tener alguna dificultad para expresarse en tantos idiomas a la vez, sin embargo con el tiempo la adquisición de las lenguas de forma simultánea les aporta mayor facilidad para aprender otros idiomas. Así lo corrobora Fernando Giménez, español y casado con una francesa. La pareja tiene tres hijos y actualmente viven en Roma. Es decir, su ambiente familiar es bilingüe castellano-francés. Pero su entorno es italiano: «A pesar de que en casa los niños hablan castellano o francés, sacan muy buenas notas en el colegio. Incluso me han llegado a preguntar si hablamos en italiano con ellos por el buen acento que tienen».

3b Im Artikel wurden einige Wörter markiert und in den Fußnoten erklärt. Leider sind die Fußnoten durcheinandergeraten. Mithilfe des Artikels in 3a ordnen Sie die Erklärungen rechts den Wörtern links zu.

a. estar empadronado	1. aprendizaje de algo nuevo, por ejemplo, de una lengua
b. el deje	2. dar, proporcionar
c. la guardería	3. estar inscrito de forma oficial en el registro de un municipio
d. la adquisición	4. acento o entonación típica de las personas de un lugar determinado
e. aportar	5. dar mayor fuerza a un argumento con más datos
f. corroborar	6. lo que rodea a alguien o algo
g. el entorno	7. lugar donde se cuida y atiende a los niños de corta edad

3c Lea, die mit Ihnen Spanisch lernt, hat auch den Text gelesen und möchte wissen, ob sie alles richtig verstanden hat. Sind Sie mit ihrer Zusammenfassung unten einverstanden? Wenn nein, markieren Sie die falschen Aussagen und unterstreichen Sie im Text die richtigen Antworten.

1. La familia de Sarah y John vive en Málaga y está inscrita allí desde hace años.
2. El inglés es la lengua elegida por Sarah y John para comunicarse entre sí, porque es una lengua internacional que se habla también en España.
3. Cuando eran pequeños, los hijos de Sarah y John no distinguían bien entre una lengua y otra.
4. Los niños bilingües pueden tener problemas para aprender una tercera lengua.
5. Los hijos de Fernando hablan muy bien castellano, francés e italiano.
6. Los hijos de Fernando tienen algunas dificultades de aprendizaje en la escuela.

3d Das Instituto Cervantes veröffentlicht jedes Jahr einen Bericht mit dem Titel *El español: una lengua viva*. Was meinen Sie, warum hat der Bericht diesen Titel? Lesen Sie anschließend folgenden Artikel über den Bericht und prüfen Sie, ob Sie mit Ihren Vermutungen richtig lagen.

Yo creo que el título del informe hace referencia a que ____________________________

____

Según el último informe del Instituto Cervantes *El español: una lengua viva*, en la actualidad casi 493 millones de personas hablan español como lengua materna. El español se sitúa así como la segunda lengua nativa más hablada del mundo por número de habitantes, solo por detrás del chino mandarín. Además es la tercera lengua detrás del inglés y del chino mandarín en el conjunto de hablantes con competencia limitada y estudiantes de español.

Actualmente el español es la lengua oficial de 21 países en varios continentes: México, Guatemala, El Salvador, Honduras, Nicaragua, Costa Rica, Panamá, Colombia, Ecuador, Perú, Bolivia, Chile, Argentina, Uruguay, Paraguay, Venezuela, República Dominicana, Cuba, Guinea Ecuatorial y España. También es oficial en Puerto Rico, estado libre asociado de los Estados Unidos. Incluso en el Sáhara Occidental se habla algo de español ya que esta zona estuvo ocupada por España hasta 1976.

El Instituto Cervantes prevé asimismo que en 2060 Estados Unidos será el segundo país hispanohablante del mundo, después de México, ya que el 27,5 % de la población será de origen hispano.

En resumen, el español está vivo, es un idioma en constante crecimiento y con un gran futuro.

3e Helfen Sie sich mit dem Text oben und streichen Sie die Länder durch, in denen Sie Ihre Spanischkenntnisse wohl *nicht* so schnell einsetzen können.

Brasil • Argentina • Portugal • Venezuela • Marruecos • Guatemala • Uruguay • Guinea Ecuatorial • Haití • Panamá • Argentina • Chile

3f **Ihre spanischen Freunde möchten wissen, wo überall Deutsch gesprochen wird. Schreiben Sie einen kurzen Infotext mithilfe der folgenden Informationen.**

- Deutsch → Amtssprache in Deutschland, Österreich und Liechtenstein und eine der Amtssprachen der EU, der Schweiz, Belgiens und Luxemburgs.
- Aber aus historischen Gründen → Deutsch in vielen anderen Ländern gesprochen, zum Beispiel in Osteuropa, wie Rumänien, Ungarn, Polen. Außerhalb der EU gibt es zahlreiche Gemeinschaften von Deutschsprachigen in Russland und vor allem in den USA, in Südafrika. Deutsch wird auch immer noch in einigen Regionen und Städten in Namibia gesprochen.
- Und in Lateinamerika? Besonders in der ersten Hälfte des 20. Jahrhunderts → deutsche Auswanderer in vielen süd- und mittelamerikanischen Ländern. In Argentinien sind es heute ca. 400.000, in Paraguay 166.000, in Chile 20.000 und in Mexiko 80.000 Sprecher/innen.

El alemán es la lengua…

L

Lösungen

A Tesoros culturales y naturales

A1 Lugares imprescindibles

1a 1. México; 2. Quito (Ecuador); 3. Bogotá (Colombia); 4. el tango; 5. República Dominicana; 6. Carnaval de Oruro (Bolivia); 7. la mexicana

1b Der passender Titel: "Bienes naturales, culturales e inmateriales de Ecuador reconocidos por la Unesco"

1c Falsch sind die Aussagen 3, 5, 6, 7.

1d Lo primero: *subir con el teleférico al volcán Pichincha.*
Qué ver en el centro por la mañana: *la basílica del Voto Nacional, la plaza Grande o de la Independencia con sus edificios más representativos: el palacio de Carondelet y la catedral.*
Qué comer al mediodía: *el "hornado".*
Dos magníficas iglesias para la tarde: *la de San Francisco y la de la Compañía de Jesús.*
Y por último: *subir al Panecillo, uno de los mejores miradores de Quito, para cenar.*

1e 1. – b.; 2. – c.; 3. – d.; 4. – a.

1f **Mögliche Lösung**
¿Por qué visitar Santo Domingo? Porque la capital de la República Dominicana tiene mucho que ofrecer a los turistas. La primavera pasada nosotros visitamos Santo Domingo. Desde 1990 el centro antiguo es Patrimonio de la Humanidad por la Unesco. Fue una experiencia inolvidable por la belleza de la antigua ciudad colonial. Allí se encuentran, entre otros, importantes monumentos como la primera catedral y el primer castillo de América. Cuando llegues allí, disfruta simplemente del ambiente y de la vida de las antiguas callejuelas / callecitas. Después tienes que visitar la catedral y el "Alcázar de Colón", construido por Diego Colón, el primer hijo de Cristóbal Colón. Y no te olvides de visitar por la noche los conciertos gratuitos de bachata y merengue en las ruinas del convento de San Francisco.

A2 Saberes milenarios

2a **Mögliche Lösung**
Yo creo que quizás la gastronomía mexicana es tradicional y variada. Seguramente cada región tiene platos distintos. Además la cocina mexicana es mundialmente conocida.

2b **Mögliche Lösung**
¡Hola, Regina!
He leído últimamente que según la Unesco la gastronomía mexicana es Patrimonio Inmaterial de la Humanidad. Tú seguramente estás muy contenta, pero yo tengo dudas: ¿por qué exactamente / justo la cocina mexicana y no, por ejemplo, la peruana o la colombiana? ¿Qué razones hay? ¿Puedes explicármelo? ¡Gracias!

2c a. – 3 ; b. – 4.; c. – 2; d. – 1.

2d Según la Unesco, una manifestación cultural es Patrimonio Inmaterial de la Humanidad si *refleja un sentimiento de pertenencia, identidad y continuidad de una comunidad.*
La cocina mexicana es *un modelo cultural que aglutina actividades agrícolas milenarias con prácticas rituales antiguas en continua evolución.*
La base de la gastronomía mexicana es *el maíz, el frijol y el chile.*

2e **Mögliche Lösung**
modelo cultural, arte culinario, sistema completo, preparación, distintos platos, degustación, celebraciones tradicionales, el maíz, alimento básico, planta sagrada, valor simbólico, tortillas de maíz, tesoro histórico, herencia de muchas culturas

2f Un país se entiende mejor conociendo su cultura y sus costumbres.
Aprendiendo a conocer las tradiciones antiguas de un país, se comprenden mejor las diferencias entre los distintos países y las diferentes culturas.
Protegiendo las tradiciones, no se pierden los conocimientos recogidos durante siglos.

En un mundo globalizado es importante tener en cuenta los hábitos y costumbres de sus habitantes. Haciéndolo, se protege la historia de los lugares y de las personas. Trasmitiendo el saber de una generación a otra, se conservan las vivencias de nuestros antepasados.

2g **Mögliche Lösung**
¡Hola, queridos amigos! Bueno, me he informado un poco y he descubierto que efectivamente también en Alemania el pan alemán es Patrimonio de la Humanidad desde 2014. En Alemania hay una gran variedad de pan: ¡hay / tenemos casi 3200 especialidades! Quizás es algo que no conocéis en México, pero en las panaderías de aquí puedes / es posible encontrar tipos y formas de pan muy distintos. Para esa variedad hay muchas razones / Hay muchas razones para esa variedad: la historia, la geografía, el clima y los diferentes modos de producción han influido en las características y en la forma de los distintos tipos de pan. La decisión de la Unesco tiene como objetivo proteger este saber para trasmitirlo a las futuras / próximas generaciones. ¡Esperemos que realmente sea así!

A3 ¡Pruébalo!

3a 1. salmorejo: Andalucía; 2. bacalao al pilpil: País Vasco; 3. empanada: Galicia; 4. escalibada: Cataluña; 5. carcamusas: Castilla-La Mancha; 6. papas arrugadas con mojo: Islas Canarias

3c

¿Qué significado tiene el momento de la comida en España?	Lugares donde se puede comer algo en España	Características generales de los mercados *gourmet*	Un dato interesante de cada uno de los mercados *gourmet* del texto
Comer significa algo más que "ingerir comida y alimentarse". Supone encontrarse con otros y hablar, hacer negocios o discutir de fútbol o política.	*Cafeterías, bares, restaurantes, mesones, mercados gourmet* .	*Son antiguos mercados modernizados que ofrecen comida rápida, de calidad y en un entorno tradicional y cercano al cliente.*	La Boquería: *Era un mercado ambulante. Es uno de los lugares más visitados de Barcelona. Tiene puestos tradicionales y también restaurantes de cocina local e internacional.* Triana: *Ocupa el terreno de un antiguo mercado. Se encuentran productos típicos de Andalucía y también artesanales.* San Miguel: *Era un mercado abierto en la Edad Media. Se puede ir de tapas y degustar productos de toda España.*

3d 1. La gente no suele comer sola.; 2. un acto social; 3. de toda la vida; 4. artesanal

3e Barbara quiere saber cómo se hacen las "papas arrugadas", qué tipo de "papas" son y por qué se llaman "arrugadas".
Fernando le informa diciendo que las "papas arrugadas" se llaman así por su forma de preparación y su aspecto. Fernando le explica cómo se preparan y cómo se consiguen las arrugas de la piel de las patatas al final.

3f Es normal usas patatas pequeñas.
Es frecuente comerlas como guarnición.
La gente no suele pelar las papas antes.

3g origen del nombre; ingredientes; influencias de otros países; tipos distintos

3h 1. el mojo suele acompañar muchos platos; 2. la palabra "mojo" viene del portugués; 3. hay mucha variedad de recetas / de sabores / existen muchos mojos distintos; 4. en Tenerife es normal emplear azafrán para hacer el mojo; 5. esta salsa suele llevar pimentón (dulce o picante) y comino

3i **Mögliche Lösung**
Hace 1400 años los mayas ya cultivaban "chocol haa" (cacao) en Centroamérica. Después, los aztecas descubrieron que los granos molidos de cacao se podían beber. Llamaron a su bebida "xocolatl". De esta palabra viene / proviene "Schokolade", en español chocolate. Pero el chocolate también era valioso para los mayas y los aztecas. El chocolate solía servirse en fiestas aromatizado con chili o pimienta. Además utilizaban los granos de cacao también como dinero / moneda. Cuando los españoles conquistaron el país, probaron el cacao. ¡Pero desgraciadamente / por desgracia para ellos estaba demasiado amargo! Por eso añadieron al chocolate vainilla y miel. Llevaron a Europa en grandes barcos los granos de cacao. Al principio en Europa solo bebían cacao las personas ricas, porque la producción y la miel eran caras. Hoy en día / En la actualidad se mezcla también en la bebida leche, azúcar y mantequilla de cacao. ¡Y a todos les gusta el chocolate!

B Tuvimos muchos problemas

B1 Habíamos decidido ir de vacaciones

1a A: 4; B: 5; C: x; D: 2; E: 1; F: 3

1b 1. Nadia y su marido querían hacer unas vacaciones de tipo *slow travel* para salir de la ciudad y disfrutar del campo.
2. Hicieron un curso rápido para conocer a sus nuevos compañeros, los burros.
3. Toni, el burro, se dio cuenta rápidamente de que Nadia no tenía ninguna experiencia con animales y de que incluso le tenía un poco de miedo.
4. Interrumpieron el viaje porque de repente se puso a llover y empezó una fuerte tormenta. Además se habían quedado solamente con un móvil porque el móvil de Nadia se había roto.
5. Nadia aconseja reservar un *tour* guiado si es la primera vez que se hace un viaje de este tipo.

1c **1. pretérito pluscuamperfecto:** nos habíamos planteado; habíamos soñado; nos habíamos quedado; se había roto
2. pretérito indefinido: encontramos; nos fue; nos decidimos; tuvimos; hicimos; todo fue bien; se dio cuenta; no fue fácil; se cubrió; se puso a llover; empezó; decidimos; fueron; vinieron; nos llevaron; fue una experiencia; fue
3. pretérito imperfecto: alquilaba; debíamos; se llamaba; yo no tenía; le tenía un poco de miedo; el animal era; era yo; hacía lo que quería; se paraba; no podía hacer nada; tenía un burro; tenía que prestar; estaban en malas condiciones; no se podía seguir; había plantas; que bloqueaban

1d 1. íbamos, descubrimos, estaba, intentamos, fue
2. habían cerrado, abrió, preparó
3. era, contaba, pasamos
4. fuimos, teníamos, impresionó
5. había estado, gustó

1e **Mögliche Lösung**
El verano pasado decidimos hacer / planeamos un viaje en julio por cinco días en un velero en Mallorca con una pareja de amigos nuestros. Al principio el viaje fue bien aunque hacía un poco de viento y el cielo estaba cubierto. Pero al tercer día cambió el tiempo. Cuando de repente vimos nubes negras en el cielo, decidimos volver a Palma. Ya teníamos el puerto delante de nosotros / Estábamos cerca del puerto, pero de repente empezó una fuerte tormenta y ¡descubrimos que había entrado agua en el barco! No esperamos demasiado tiempo, sino que / y llamamos enseguida al Centro de Salvamento porque teníamos miedo. Los socorristas del Centro de Salvamento vinieron enseguida y con su ayuda volvimos al puerto. Esta vez no nos pasó nada, pero realmente no fuimos precavidos / no tuvimos cuidado. Un consejo: no comportarse / actuar como nosotros. Prestar atención a las previsiones del tiempo y llevar siempre consigo el teléfono del Centro de Salvamento.

B2 Una mochila muy ligera

2a 1. *mochila*, botas, bastones; 2. peine; 3. plumífero; 4. lámpara de campin; 5. espejo; 6. cerillas, mechero;

7. jabón, champú; 8. manta; 9. cuaderno
Nicht im Gepäck von Nadia enthalten sind: lámpara de campin, espejo, manta, cerillas, cuaderno

2b 1. no; 2. no; 3. sí; 4. sí (la mochila); 5. sí

2c Cojín *rectangular*, de *algodón* puro.
Llavero de *madera*, *redondo* y ligero...
Baraja española, de *cartón* reciclado...
Chanclas para la piscina. De *plástico*, ...
Tienda de forma *triangular*, en *tejido* resistente al agua... Ligera y de fácil montaje: *altura*: 80 cm, profundidad: 160 cm, *anchura*: 200 cm

2d [1] Extraligera y muy resistente, la lámpara de lectura *Pluma* pesa [2] solo 80 gramos y con sus 15 centímetros de [3] altura ocupa menos que un libro. Cabe perfectamente [4] en cualquier bolso o maleta. Ideal para [5] leer, escribir o trabajar porque se fija cómodamente [6] a cualquier superficie. Con la batería completa están aseguradas 7 horas [7] de luz continua. Muy práctica porque no se necesita [8] sustituir la batería. Un año de garantía. En caso de problemas, [9] le devolvemos el dinero o se la cambiamos por otra.

2e **Mögliche Lösung**
Vendo
Tienda de dos plazas, redonda, marrón y verde, resistente al viento y al agua, como nueva, por solo 65 euros. Montaje rápido. Especialmente práctica porque solo pesa 3,5 kg (kilos). Altura: 110 cm (centímetros), anchura: 145 cm, profundidad: 205 cm.
Armario de campin, robusto / estable / fuerte y práctico, rectangular, de color gris, de madera y metal, excelente calidad, fácil de transportar (pesa solamente 6,9 kg). Altura: 95 cm, anchura: 60 cm, profundidad: 52 cm. Precio: 54 euros.

B3 Ruego me rembolsen el dinero

3a Ihre persönliche Einschätzung.

3b Die Pressemeldung vertritt Position 2.

3c **Es posible que / Es probable que...**
la situación cambie en el futuro.
cada vez la gente compre más en línea.
a las personas mayores les cueste comprar cosas en Internet.
la publicidad en papel sea más cara.

Se observa que...
las pequeñas tiendas de los barrios están teniendo cada vez más problemas.
la mayor parte de las tiendas tienen una página web.
un sistema de publicidad mixto (papel + web) es más eficaz.

3d 1. embalaje dañado; 2. mercancía equivocada o defectuosa; 3. retraso en la entrega

3e Fecha del pedido: *27 de abril de 202...*
Número del pedido: *493439*
Motivo de la devolución ☒ No es el artículo correcto. ☒ El embalaje estaba dañado.; ☒ otros: *retraso en la entrega / el paquete llegó con mucho retraso*

3f 1. Estimados señores: ... / Atentamente, ...
2. Por desgracia tengo que comunicarles que desde el primer momento hubo problemas con el envío.
3. En primer lugar, ... Además, ...
Y por último, ...
4. ... no deseo que me manden otra lámpara, sino les ruego que me rembolsen el dinero.
5. Como ha habido tantos problemas..., dado que he tenido que esperar...
6. Muchas gracias por su atención y quedo a la espera de su respuesta.

3g **Mögliche Lösung**
Estimados señores:
El pasado 10 de diciembre compré en su tienda online / en línea unas botas de senderismo para mujer, marca YZeta, número de pedido: 493439. Era el regalo de Navidad para mi mujer. Por desgracia tengo que comunicarles que hubo varios problemas con el pedido / que he tenido varios problemas con el pedido. En primer lugar, el pedido llegó con dos semanas de retraso. Además, dejaron el paquete en la calle, delante del portal. Y por último, me enviaron el número de pie equivocado. Dado que ha habido demasiados problemas y mucho retraso, no deseo que me manden otro artículo / que me cambien las botas, sino ruego me rembolsen todo el dinero. Hoy mismo les reenvío las botas y el formulario.
Muchas gracias por su atención y quedo a la espera de su respuesta.
Atentamente,

C Consejos de convivencia

C1 Distintas formas de ver la vida

1a **A:** ¿Cuántos estilos de vida distintos hay en tu familia?
B: Los retos de las familias multiculturales
C: ¡Qué poco costaría llevarse bien con los vecinos!

1b 1. verdadero; 2. falso; 3. falso; 4. verdadero; 5. falso; 6. verdadero

1c **A:** brecha generacional, convivencia de distintas generaciones
B: familia ensamblada, familias de varias nacionalidades
C: vivir en una comunidad de vecinos, vecinos molestos

1d In Übung 1a hat Pablo (Situation B) ein ähnliches Problem wie Alicia gehabt (Patchwork-Familie aus verschiedenen Kulturen).
Sätze, die beim Verständnis helfen:
Los chicos me parecieron bastante simpáticos pero supertímidos. Y mi hijo, pues muy serio y tenso durante toda la cena. Es normal. Es la primera vez que te presentan a tus nuevos hermanos, que son adolescentes, hablan otro idioma y llevan una vida completamente diferente a la tuya.
[...] Pero tengo miedo de que surjan problemas en las relaciones.
[...] Tengo miedo de hacer algo mal y de no entender a estos chicos.
[...] No sé, tengo que acostumbrarme a su forma de vida y a sus gustos.

1e 1. A Alicia le da miedo que haya dificultades en la convivencia.
2. A Alicia le preocupa que los hijos de su pareja no estén a gusto con ella y su hijo.
3. Mauricio piensa que la situación mejorará en el futuro.

1f 1. tengo miedo de que... / tengo miedo de hacer algo mal y de no entender a estos chicos / me preocupa que...
2. ¡Tranquila! / ¡no te preocupes!
3. de verdad que no importa, no es tan grave / es una cuestión de tiempo

1g
- ● ¿Pero qué es lo que te preocupa?
- ■ Pues, mira, para empezar tengo miedo de que John *no me dé suficiente tiempo* para acostumbrarme a la nueva situación y que además nosotros *empecemos a discutir* por culpa de los chicos.
- ● O sea, ¿tienes miedo de que eso *afecte a vuestra relación de pareja*?
- ■ No, no, pero obviamente me preocupa bastante que mi hijo *no se sienta bien* con John y sus hijos. Vamos, que tengo miedo de *no conseguir* un ambiente familiar agradable y normal.
- ● Pero, por favor, ¡no *te preocupes*! Si quieres nos vemos mañana y seguimos charlando un poco, ¿vale?
- ■ ¡Ay, Mauricio, perdona, pero estos días no tengo tiempo! ☹
- ● Bueno, da igual, ¡no *importa*! Lo intentaré la semana que viene. ☺

1h Sobre todo al principio hay que dedicarle más tiempo a la familia.
Es fundamental no olvidarse de las necesidades de la pareja.
Es importante organizar y repartir bien las tareas domésticas entre todos.
Además es necesario ser comprensivos con los intereses y problemas de los jóvenes.
Habría que pasar más tiempo con los hijos y prestar atención a la calidad del tiempo juntos.

1i Hola a tod@s: Me gustaría compartir con vosotr@s algunos consejos que pueden resultaros útiles en mi opinión. Para empezar, hay que repartir mejor las tareas domésticas / tareas del hogar entre todos, así enseguida está claro lo que hace cada uno / quién hace qué cosa.
Es importante ser tolerante y paciente.
Si un comportamiento no está bien, no se debe / debería callar, pero tampoco hay que / es necesario discutir enseguida: hay que / habría que hablarlo juntos de forma amable / respetuosa pero decidida.

C2 Estamos muy contentos

2a / 2b [1] Desde hace unas semanas tenemos un tema nuevo en clase: "La basura en las ciudades". Se trata de reflexionar sobre las formas para reducirla y así ayudar a mejorar la vida no solo de nuestros barrios sino también de todo el planeta. *Basta con pasear por algunas calles para ver que no siempre las aceras están limpias, ya sea porque las papeleras o los contenedores están* *llenos y la gente deja la basura en el suelo, o bien porque muchas personas tiran papeles y botellas en cualquier parte.* **(Foto A)**

2 También nos dimos cuenta de que hay gente que aún no sabe cómo se recicla correctamente. *Por ejemplo, ¿dónde se tira el cartón de una pizza cuando está sucio?, ¿en el cubo para el papel o en el de la basura general?* **(Foto D)**

3 Además de eso, *muchos ciudadanos tiran en los contenedores generales de las calles residuos que deberían ir a contenedores especiales.* Para resolver todas estas dudas, fuimos al Ayuntamiento. Allí nos explicaron el sistema de los contenedores y el significado de los colores: el contenedor gris es para los residuos orgánicos; el amarillo, para los plásticos, tetrabrik y metal; el azul, para el papel y el cartón limpio, es decir, no el de la pizza. Y por último el contenedor verde para el vidrio de uso alimenticio. **(Foto C)**

4 Pero en el proyecto también se habló de la reutilización y "segunda vida" de los objetos. *Con la ayuda de nuestra profesora recogimos botellas usadas, las lavamos bien* e hicimos lámparas que funcionan estupendamente. **(Foto B)**

5 ¡Esa parte del proyecto nos encantó! Cada uno diseñó una lámpara y se la llevó a su casa. Ahora todos tenemos una lamparita reciclada en la mesilla de noche, que nos recuerda la importancia de respetar y conservar el medio ambiente.

2c Julia greift auf eine falsche Information zurück. Sie hat nicht verstanden, dass die Lampen zu dem Projekt gehören.

2d **Sentimientos positivos:** Me alegra que...; Me encanta que la escuela...
Sentimientos negativos: Es una pena que las calles...; Me molesta que se hable...
Esperanza: Espero que el Ayuntamiento empiece...; Espero que las nuevas generaciones disfruten...
Infobox: Nach Verben und Wendungen, die Gefühle oder Hoffnung ausdrücken, wird im Spanischen der **Subjuntivo** verwendet.

2e nos ocupemos; respeten; tiren; busque; proponga

2f **Mögliche Lösung**
Hola, Sergio:
Mira, te mando un enlace de una página web que he encontrado por casualidad. Los autores son unos jóvenes de un instituto. En mi opinión, el artículo está muy bien escrito. Me alegra que los chicos sean tan activos y que en las escuelas se discuta este tema. Es muy triste que todavía no mucha gente / muy pocos / poca gente se preocupe por el medio ambiente. Espero que con el tiempo mejore la situación en el mundo y que en todas partes la gente aprenda a respetar y a preocuparse por el medio ambiente.
Un abrazo,

C3 Un barrio inteligente

3a **Problemas:** contaminación del aire; pocas zonas verdes; contaminación acústica; falta de vivienda; pocas zonas de aparcamiento; alquileres de viviendas muy caros; tráfico intenso con atascos; delincuencia e inseguridad ciudadana

3b **Problemas:** contaminación del aire; tráfico intenso con atascos; pocas zonas de aparcamiento; pocas zonas verdes; delincuencia e inseguridad ciudadana

3c **Movilidad:** servicio de alquiler de coches eléctricos por horas, solo podrán circular por el centro los autobuses, motos o coches eléctricos, o bien las bicicletas, sistema de carriles bici que une los barrios periféricos con el centro
Seguridad: En todo el barrio hay [...] videocámaras.
Salud y tiempo libre: Para la salud y e bienestar de todos hemos diseñado una amplia zona verde: el parque de las Flores, un oasis para grandes y pequeños, el parque cuenta con 8 pistas deportivas y un mercado "kilómetro cero"
Encuentros culturales: el nuevo centro cultural Picasso, dedicado a manifestaciones culturales de todo tipo
Wifi: En todo el barrio hay wifi gratuito...

3d
1. rápidamente
2. realmente
3. tranquilamente
4. principalmente
5. cómodamente
6. lamentablemente

3e *Montse* se queja porque opina que *el Ayuntamiento* no piensa en *la gente*. Cree que la vida de la ciudad solo será mejor si hace algo por sus *ciudadanos*.
José Luis no está de acuerdo con *Montse*, porque para él *el parque nuevo es* precioso. Además considera que el parque no es solo para unos pocos, sino también para *todo el mundo*. Él estuvo allí un día por *la mañana* y le encantó *correr sin coches*.
Juan se pregunta cuánto le ha costado al Ayuntamiento el *barrio "inteligente"*. Piensa que es una vergüenza el estado *de las calles*, porque a veces no se puede pasar por *las aceras*.
Álex le explica a *Juan* lo que significa *un barrio "inteligente"*. A él le gusta mucho la idea de *alquilar* un coche *por* horas y cómodamente *por Internet*.

3f **por:**
1. por ellos
2. por Internet
3. por sus jardines
4. por la mañana, por horas

para:
1. para disfrutar, para ayudar, para hacer deporte
2. para todo el mundo
3. para mí

3g **Mögliche Lösung**
¡Estamos muy orgullosos de nuestra ciudad! Y también del nuevo proyecto "Barrio inteligente". Para nosotros es realmente un honor presentarles el gran proyecto urbano "Ciudad Natura" y todas sus novedades, como el parque de las Flores, el sistema de carriles bici y, por supuesto, el centro cultural Picasso.
Para conocer directamente su opinión, queremos invitar a los ciudadanos que se han instalado ya en el nuevo barrio a una fiesta al aire libre el sábado 14 de abril, por la mañana, de 9 a 12 h. Será una gran ocasión para conocer mejor el centro cultural, para pasear juntos por el parque y para presentarles más atracciones y servicios en el futuro. ¡Los esperamos! Para planear mejor la fiesta, les pedimos que dejen sus datos aquí por Internet o por teléfono: 912456839.

D Me informo, leo, miro...

D1 ¿Son verdaderas o no?

1a fuente – c.; publicar – d.; compartir – e.; noticia viral – f.; sitio web – a.; comprobar – b.

1b Gabi ist auf ...
/infonews/noticias-sospechosas-cuidado-informarse-bien/

1c bulo → *Un bulo es una noticia falsa.*
nombre del sitio web → *El sitio o página web puede tener un nombre casi igual al de la página real, pero con algún pequeño cambio, por ejemplo de una letra. Parece el mismo nombre pero la página no existe o se trata de una dirección falsa.*
los expertos y sus investigaciones → *Si en un artículo se habla de unos expertos y las investigaciones / se menciona a unos expertos y las investigaciones que han realizado, se recomienda buscarlos directamente en sitios web oficiales. Si no se encuentran, entonces es mejor ser prudente. Quizás no son hechos probados, sino solo la opinión de una persona.*
errores en algunas noticias en la red y correos peligrosos → *A menudo los bulos están mal escritos y tienen muchos errores de gramática y de ortografía. Es difícil que esto suceda con páginas oficiales, ya que las noticias se leen y corrigen varias veces. Lo mismo sucede con los correos peligrosos: suelen tener muchos errores. Por eso, si recibes uno, lo mejor es borrarlo enseguida.*
compartir una noticia → *Si alguien pide a otra persona que comparta inmediatamente una información, fíjate bien en la fuente, porque quizás quieren que colabores en la divulgación de la información falsa convirtiéndola así en noticia viral.*

1d Acciones en Internet: comprobar, difundir, publicar, borrar, engañar al usuario, compartir, divulgar
Elementos de Internet: la red, la noticia, el bulo, la fuente, el artículo, el sitio web oficial, la página oficial, el correo electrónico, el correo peligroso, el nombre de la página

web, el canal, la dirección falsa, la red social, la información falsa, la noticia viral

1e 1. – c.; 2. – d.; 3. – a.; 4. – b.

1f Estimada señora:
Por desgracia nos vemos obligados a comunicarle que hemos encontrado algunos problemas en su cuenta. Para evitar problemas más graves, es necesario que usted se ponga en contacto con nosotros. Hágalo enseguida, porque es realmente muy urgente. Si no es posible, entonces haga clic **aquí**: encontrará las instrucciones para contactar con la central de nuestro banco.
Atentamente,
Paco Pérez Bustamante
BancoParaTi

1g Guille, Angela, Leo und Blanca geben konkrete Tipps; David erzählt nur über seine Erfahrung; Ricardo ist der Administrator.

1h **Bejahte Anweisungen / Ratschläge:** analízalos, lee antes todos los datos... El texto léelo varias veces, ... llama enseguida al director o a un empleado y pregúntales, ... olvídate del ordenador, ... ¡Tíralo a la basura! ¡Volvamos a una vida...!
Verneinte Anweisungen / Ratschläge: ... no lo abras nunca..., ... no lo hagas si estás distraído o cansado, ... no pienses más en él.

1i **Mögliche Lösung**
Nunca cometas el error de leer un correo electrónico / e-mail si estás distraído; mejor léelo más tarde y contrólalo con mucha atención. / No cometer el error de leer un correo electrónico / e-mail cuando se está distraído.
Observa / Analiza bien los detalles, léelo tranquilamente / con calma.
¿No tienes un programa antivirus? ¡Cómpralo enseguida / inmediatamente!
¿Tienes amigos que entienden de ordenadores / computadoras? Llámalos y pídeles ayuda.

D2 ¿Cuántos libros lees?

2a La librería "Buenas palabras" quiere ofrecer *el mejor servicio y conseguir que la tienda sea la librería más moderna y visitada de la ciudad.* Por eso, desde principios de este año *está abierta todos los días de 9:00 a 22:00.*
El Día del Libro, el 23 de abril, *inaugurarán la nueva cafetería. Ese día los clientes podrán tomar un café y leer periódicos y revistas gratis.*
Además, han elaborado *una encuesta para saber los gustos y los hábitos de lectura de sus clientes. Junto con el cuestionario, también se puede participar en un sorteo.*
Los clientes tendrán que *dejar / poner sus datos si quieren participar en el sorteo.* Quien participe podrá *ganar un vale por 50 euros.*

2b 1. verdadero; 2. falso; 3. verdadero; 4. falso; 5. falso

2c Zu Antonio passt Profil B: un lector fiel e interesado, para el que un buen libro es su mejor amigo.

2d frecuencia de visitas a la librería, hábitos de lectura, criterios de elección de un libro, compras en línea, géneros preferidos por los lectores, otros servicios deseados

2e
1. Pregunta a los vendedores de la librería: ¡son *las personas más adecuadas* para responder a tus preguntas!
2. Nuestra lista de ventas: los libros *más* vendidos de la semana.
3. La leeréis de un tirón y hasta el final: ¡esta es la novela *menos* aburrida del mes!
4. ¡La semana más loca *del* año! Todos los libros en oferta con el 15 % de descuento!
5. *Las* novelas más *divertidas* y simpáticas (en opinión de nuestros lectores).
6. Descubre *los* ensayos y libros científicos *más interesantes* de este año.
7. Lo que dicen nuestros lectores de nosotros: «Esta es la *mejor* librería *de* la ciudad».
8. Tenemos libros para los *más* pequeños, pero también para los *mayores*.

2f 1. por lo menos tres libros al año, mientras que el porcentaje de los lectores asiduos, es decir, los lectores que leen más de 10 libros al año, no ha variado demasiado y no
2. en formato electrónico, solo el 11 % de nuestros lectores recurre al libro digital. Los usuarios de los libros electrónicos son sobre todo gente joven entre los 20 y 25 años.

3. buscados son, según parece, las novelas románticas. A la mayor parte de los clientes le gustaría encontrar más libros dedicados a viajes. Una parte
4. otras actividades podrían ofrecerse, el 55 % de ellos contestó que los cursos de escritura creativa; el

2g Claramente Antonio es un lector asiduo, porque va a la librería regularmente, todas las semanas y lee más de 10 libros al año.
No tiene lugares o momentos preferidos para leer, lee cuando puede y tiene algo de tiempo.
No le gustan los libros electrónicos. Prefiere los libros impresos.
Para elegir los libros recurre a las reseñas y/o las listas de los libros más vendidos.
También lee el argumento del libro y decide después, o bien hojea el libro, lo lee por encima y decide después.
Suele leer novelas policíacas, históricas o ensayos.
Le gustaría encontrar más guías y literatura de viajes.
En la librería le gustaría hacer también cursos de escritura creativa.

D3 He leído una reseña muy positiva

3a Introducción: B.; Resumen del contenido: E; 1: C, 2: D; Cierre: A
Abteilung: Historia y biografías

3b **Introducción:** *Novedades editoriales.* Desde hace algunos días, los escaparates...; **Resumen del contenido:** Desde las primeras páginas la historia resulta fascinante...; **1:** Pero no se trata de una biografía tradicional: en este libro...; **2:** Al final, ...; **Cierre:** Esta nueva biografía pueder ser el regalo perfecto...

3c ~~El autor es un historiador.~~ / El autor trabaja con el detalle de un historiador.
Es un libro tan apasionante como un libro de aventuras. / ~~Es un libro lleno de aventuras.~~
El libro describe al jugador y sobre todo a la persona que fue Maradona. / ~~En el libro se habla de Maradona como deportista.~~
~~Es un regalo perfecto para los amantes del fútbol.~~ / Es un regalo perfecto para los amantes del fútbol y de las biografías fascinantes.

3d **Mögliche Lösung**
¡Hola, Raquel! Pienso que el libro en mi opinión es una idea muy buena, porque Antonio es la persona más feliz del mundo cuando tiene un libro en la mano. Pero por desgracia / desgraciadamente ese libro no es muy adecuado para él / ese no es el libro adecuado para él, porque a Antonio no le gustan ni el deporte ni las biografías.
Pero hace unos días estuve con él en una librería y participamos en una encuesta y quizás ahora tengo una idea más exacta de lo que podría gustarle.
Esta tarde / noche podemos hablar de ello juntos. Y si mañana sales del trabajo un poco antes, podemos ir a la librería juntos y buscar el regalo. ¡Sería lo mejor!

3e El autor cuenta sus experiencias sobre su apasionante / emocionante viaje por Perú en busca de platos tradicionales. El autor, el señor Hennz, evitó durante todo el verano los restaurantes más conocidos y visitó con paciencia y pasión los populares "carritos" (puestos ambulantes), descubrió viejos "mercados", probó los mejores "anticuchos" (pinchos de carne) y disfrutó de / saboreó los ingredientes y recetas que casi nadie conoce... Habló con muchas personas interesantes que le ayudaron en este fascinante viaje.

3f
1. Raquel no está de acuerdo porque piensa que a Antonio le gustaría más comer que leer un libro.
2. Alfonso no está de acuerdo porque piensa que el género no es adecuado para Antonio. Opina que aunque Antonio estuvo en Perú y le encantó la comida de allí, no le interesa tanto el tema / no tiene tanto interés por el tema como para leer un libro entero de / sobre gastronomía.
3. Elvira está de acuerdo porque dice que Antonio es muy aficionado a la cocina, a los programas de televisión sobre

gastronomía y a los vídeos de recetas. Además propone regalarle el libro y también una botella de Rioja, o bien un vale para un restaurante peruano.

3g Yo creo que Elvira tiene razón. Yo también he visto a menudo que Antonio buscaba nuevas recetas en Internet. Por ejemplo anteayer estuvo toda la tarde delante de la televisión viendo un concurso de cocina. Propongo que le regalemos el libro y también una invitación / un vale para él y su mujer para cenar juntos en el restaurante "Sabor de Lima". O bien como alternativa otra idea: una nueva novela. Sé que Antonio leyó ayer en Internet la reseña y los comentarios y que le entusiasmaron. ¿Qué os parece si le damos este libro durante la cena?

D4 El libro se convirtió en la película del año

4a Foto D – Foto C – Foto A – Foto B

4b 1. verdadero; 2. falso; 3. verdadero; 4. falso; 5. verdadero; 6. verdadero

4c Exteriores / de día – Una calle ancha de una ciudad de provincias, no hay coches. A la izquierda, un parque; a la derecha, la *terraza* de un bar. Hay gente sentada fuera. En frente, una parada de *autobús* con algunas personas que esperan.

Escena 1: En medio de la calle un chico en bicicleta *pasa* delante de la gente que está sentada en la terraza del bar. Primer plano de la protagonista: parece más triste que las otras personas a su alrededor, toma un café, y de repente *ve* algo...
Cambio de perspectiva / otro primer plano: un hombre mayor, alegre, con unos auriculares en la cabeza y una mochila, *busca* algo en el móvil: *Está* feliz y tranquilo. *De* repente, ella *reconoce* enseguida al hombre. Lo *mira* otra vez indecisa, no sabe qué hacer, duda, *siente / tiene* miedo y *decide* esperar.

4d

	Roberto	**Paola**
Película:	*mucho mejor, buen ritmo, fotografía fantástica, actores buenísimos, la dirección magnífica, todo es más rápido, la narración es dinámica, banda sonora original*	*un tostón, aburrida, inaguantable, poco original*
Libro:	*aburridísimo, un rollazo, ritmo demasiado lento, descripciones tediosas y complejas, diálogos muy largos*	*una obra maestra, trama convincente, descripciones de los personajes extraordinarias, diálogos muy bien trabajados, el ritmo lento encaja con la historia, espacio para los detalles*

4e 1. un rollazo / un tostón; 2. una obra maestra; 3. inaguantable; 4. excepcionales

4f Kreis links: la fotografía, los actores, la actriz principal, interpretan, la dirección, la banda sonora, los compositores / el compositor, la música cinematográfica, los espectadores, el cine, la banda sonora, la directora, la puesta en escena
Kreis rechts: la librería, la portada, leer, las primeras líneas, las descripciones de los paisajes, ocupan hasta dos páginas, las descripciones de los persojanes, la novela, el lector
In der Mitte: un rollazo, los protagonistas, el ritmo lento, los diálogos, la narración, una obra maestra, la trama, la historia, un tostón, los personajes

4g

Actores principales / Protagonistas: Agustina María Salinas en el papel de Ariadna; Ernesto Sigüenza en el papel de Marcelo
Dirección / Directora: Juana Echevarría
Puesta en escena: Juana Echevarría y Felipe Soria Palacios
Banda sonora / Música / Compositor de la banda sonora: Fernando de la Hoz
Género: drama
Contenido y valoración *(Mögliche Lösung):* *Ariadna lleva una vida normal pero no es feliz. Un día, después de veinte años y por casualidad encuentra / ve a Marcelo, un antiguo amigo. Marcelo le parece más viejo que la gente que está a su alrededor pero más lleno de vida que todos ellos. Había envejecido pero no había perdido las ganas de vivir que lo caracterizaban. Estaba más calmado que antes y llevaba unos auriculares en la cabeza. Buscaba algo en el móvil. Parecía feliz. Con ayuda de Marcelo Ariadna recuperará / recupera sus sueños. Se despide de su trabajo, alquila su apartamento y se va a Australia por un año para trabajar como veterinaria en una organización encargada de cuidar animales salvajes. Sin embargo enseguida descubre que la gente que conoce en Australia es igual que la gente que ha dejado en España. Es igual de egoísta e indeferente que la gente de allí. Ariadna no es feliz en Australia, solo se siente bien en el trabajo y en contacto con la maravillosa naturaleza / solo le gusta su trabajo y la maravillosa naturaleza. En su trabajo y en contacto con la naturaleza encuentra la calma. Al final Ariadna entiende que el problema es ella misma y que tiene que buscar soluciones dentro de ella y no fuera.* *La película es fantástica; la dirección, magnífica. La actriz principal que hace el papel de Ariadna / en el papel de Arianda es muy buena; el actor que hace / en el papel de Marcelo es mediocre / ni fu ni fa; el ritmo es un poco lento, pero la fotografía y sobre todo los paisajes son excepcionales / magníficos. El único problema es la banda sonora, que en mi opinión no es adecuada para la película, porque es demasiado moderna / la banda sonora no encaja con la película. O quizás el problema soy yo, que soy demasiado viejo / demasiado mayor para entender la / esa música.*

E Puntos fuertes, puntos débiles

E1 ¿Es el trabajo adecuado?

1a Der Titel “Tener un trabajo seguro te hace feliz” passt nicht.

1b 1. verdadero; 2. falso; 3. falso; 4. verdadero

1c 1. Leo; 2. Sebas; 3. Eva; 4. Mara

1d 1. Para mí..., en mi opinión...
2. Sí, es verdad, tienes razón que el estrés laboral no depende [...], yo estoy de acuerdo con la opinión del autor...
3. Yo no estoy de acuerdo con el contenido del artículo; Lo siento, pero no estoy de acuerdo contigo en absoluto.
4. Y bueno, la verdad es que no sé qué decir... Quizás es que el artículo...

1e [...]
- ● *Sí, es verdad, pero en mi opinión,* después te aburrirías.
- ■ *No sé qué decir, pero para mí trabajar* en equipo a veces es agotador.
- ● Pues yo *no estoy de acuerdo contigo.* Yo pienso que trabajar en equipo...

1f **Mögliche Lösung**
[...]
- ◆ *Es verdad, estoy de acuerdo contigo.*
- ■ Y por eso, siempre salgo del trabajo demasiado tarde.
- ◆ *Bueno, la verdad es que no sé qué decir, yo creo que haces una pausa muy larga al mediodía.*
- ■ Sí, es cierto, ¡pero es que la pausa es necesaria!
- ◆ *Tienes razón / Estoy de acuerdo contigo. Pero te propongo que hagas una pausa más corta y así podrías irte a casa*

antes. / ¿Pero por qué no haces una pausa más corta y así te vas antes a casa? / ¿Pero qué tal si haces una pausa más corta y te vas antes a casa?
[...]

E2 Creo que soy fiable

2a 1. se le da mejor a una persona tímida
2. son muy buenas para organizar
3. saben trabajar muy bien en equipo
4. son negadas para organizar

2b 1. debe cumplir los siguientes requisitos
2. (tiene) experiencia laboral
3. (tiene) alta capacidad de organización
4. (tiene) don de gentes

2c **Mögliche Lösung**
A Antonia se le da bien la informática / Antonia es buena en informática / Antonia tiene conocimientos de informática. Sabe organizarse bien. Es buena en trabajos manuales / Se le dan bien los trabajos manuales. Por ejemplo sabe arreglar un lavabo.
Pero es negada para los idiomas extranjeros. / No se le dan bien los idiomas extranjeros. Es negada para el deporte. / No se le da bien el deporte. / No es buena en deporte.

2d Para Antonia los sueldos de esta empresa son más bajos que los de la media. No está segura de que paguen bien. No está segura de si debe presentarse al puesto o no.
Según Pablo, Antonia debería escribir el currículo y mandarlo enseguida. Le aconseja / recomienda que no se preocupe por el sueldo porque puede negociarlo más tarde.

2e Antonia piensa que *es el trabajo indóneo para ella. Piensa que tiene los conocimientos que están buscando y que es una persona positiva y fiable*; cree que *los sueldos de esta empresa son más bajos que los de la media;* no está segura de que *paguen bien.*
Pablo no cree que *haya muchas personas con un perfil similar*; duda que *quieran esperar hasta agosto*; A Pablo le parece que *es el puesto ideal para Antonia.*

2f Antonia cree que el gerente de la empresa no tomará la decisión hasta agosto. Ella piensa / cree que necesita más tiempo para ella y para su inglés. Duda que el trabajo sea interesante o no. / No está segura de que el trabajo sea interesante o no. Además no está segura de que vivir en Sevilla sea barato. / Además duda que vivir en Sevilla sea barato.

2g **Adjektive im Text auf Seite 62:** optimista, nervioso, positivo, capaz, negado, bueno, tímido, introvertido, feliz, estresado, sociable, altruista, generoso, sabio, equilibrado, creativo, preciso, fiable
Personenbeschreibung: *Individuelle Lösung.*

E3 Queridos colegas...

3a [1] Querid@s compañer@s:
Desde hace unos años, el último viernes de junio se celebra en muchos países [2] el Día Mundial del Perro en la Oficina. Este día, cada vez más empresas permiten que los empleados lleven [3] a sus perros al trabajo. Incluso parece que [4] la presencia de un perro en la oficina tiene muchas ventajas: relaja y mejora el humor y la motivación de quien [5] trabaja. Por eso, hemos decidido por primera vez [6] participar en esta iniciativa: el próximo viernes, si tenéis un perro, podéis traerlo a la oficina. Importante: todos los colegas que comparten el mismo despacho tienen que estar [7] de acuerdo con la presencia de animales. Si alguien tiene alergia o miedo a los perros y no [8] es posible encontrar una solución satisfactoria para todos, os rogamos que [9] dejéis a vuestro perro en casa. Por otra parte, los perros tendrán que contar con agua y comida en la oficina. Os rogamos que los saquéis a [10] pasear antes o después del trabajo (salir brevemente a la calle durante la jornada laboral es posible si se trata de una excepción). Os pedimos también que respetéis [11] algunas reglas: los perros no deben molestar a otros compañeros y no pueden entrar en zonas comunes y específicas como [12] el comedor y la cafetería, las salas de reuniones y los aseos. Os pedimos que el perro se quede en vuestro despacho, donde [13] podrá moverse libremente.
Quedamos a vuestra disposición para más detalles y posibles preguntas de vuestra parte.

3b **Grün:**
No tiene que quedarse en casa solo todo el día.

Se acostumbra a otras personas y a distintos ambientes.
Con tu perro en la oficina te sientes más tranquilo.
La presencia de perros en las empresas aumenta la motivación de los empleados.

Rot:
El animal se aburriría porque no puede llevar su ritmo habitual.
Tiene que estar demasiado tiempo debajo del escritorio sin moverse.
Supone un riesgo para las personas que tienen alergia.
Un perro ladra a veces y hace ruido.
Si hay otros perros en el mismo despacho, podría ser un problema.
No a todo el mundo le gusta tener un animal cerca.
Un animal puede transmitir enfermedades.
Es más difícil concentrarse en el trabajo.

3c Hola, Fernando:
Muchas gracias por la información, pero no creo que sea una buena idea que traigas a tu perro a la oficina / al despacho. Por desgracia tengo alergia. Pero he pensado ya en posibles soluciones: podemos abrir las ventanas / dejar las ventanas abiertas, aumentar la distancia entre los escritorios, pero no estoy seguro de que sea suficiente. Sin embargo / Pero creo que Susana no trabaja el viernes, o sea que su despacho está / estará libre. ¡Eso podría ser la solución! Voy a informarme y te vuelvo a escribir.
Saludos, / Un abrazo,
Alejandro

F ¡Lo mejor para relajarse!

F1 Un programa amplio e interesante

1a 1. la 3.ª edición de "Sí al deporte y la salud". Las actividades en colaboración con la asociación "Deporte Costa del Sol" se celebrarán en
2. el programa completo haz clic aquí).
El objetivo es fomentar el ejercicio físico en todas las edades, ofreciendo
3. (importante: para participar en estos últimos hay que presentar un certificado médico). Nuestro equipo de entrenadoras y entrenadores...
4. los cursos que tienen lugar en los gimnasios...

1b A: atletismo; B: competición / competiciones de petanca; C: curso(s) de baile / tango; D: escalada con niños

1c carrera de obstáculos, piragüismo, pesca submarina, escalada, esgrima, paracaidismo, pádel, Fórmula 1, ciclismo, vóleibol, pimpón

1d ... las jornadas no se celebran de lunes a domingo, sino el fin de semana / el sábado y el domingo. No solo hay competiciones, también hay entrenamientos, cursos y presentaciones. Además, no hace falta inscribirse para las presentaciones de los profesores / entrenadores al aire libre. Solo hace falta inscribirse en los cursos que tienen lugar en los gimnasios. Y no es necesario tener un certificado médico para poder participar. El certificado médico solo es necesario / Solo se necesita un certificado médico para los deportes más exigentes.

1e Adriana piensa que el certificado médico no es necesario para todos los cursos, solo para los que requieren más condición física. Piensa que la esgrima no es buena para sus rodillas. Piensa que hay ejercicios mejores. Peter piensa que el certificado médico sí es necesario. Cree que no está mal tenerlo. Peter piensa que la esgrima es buena. Un fisioterapeuta se la recomendó a Pablo, un amigo, que es una persona poco deportista. Parece que se consiguen óptimos resultados rápidamente.

1f 1. Volveré a intentarlo más tarde.
2. Dejé de hacer deporte hace unos meses...
3. ... quiero empezar a mirarlo con calma...
4. Estoy llamando a los organizadores...
5. ... acabo de consultar la página...; Acabo de bajarme el programa detallado...

1g ¿Has visto el programa? ¡Es muy completo y lo que más me gusta es que pueda participar todo el mundo! Podemos ir el sábado, seguro que lo pasaremos genial. Venga, ¡anímate!
No estoy del todo segura… Me lo estoy pensando… ¿Crees que el programa es realmente para todos / para todo el mundo? ¿También para personas poco deportistas?
¡Pues claro! Hay muchas actividades distintas. Por ejemplo, seguro que te encanta aprender a jugar al pádel, que está muy de moda.
Ya he jugado al pádel, pero dejé de jugar hace dos años porque tenía problemas en la espalda / problemas de espalda. No quiero volver a jugar al pádel.
Bueno, pues si quieres hacemos un curso de zumba... ¡Tiene que ser muy divertido!
No quiero empezar a aprender algo si no estoy seguro/-a (de) si me gusta / si me va a gustar / de que me guste.
Y entonces, ¿qué hacemos el sábado?
¿Qué te parece si simplemente vamos a pasear por la playa?

F2 Es bueno hacer ejercicio

2a Elena no debe preocuparse porque la Sra. Montes Salvatierra comunica a los empleados las iniciativas para mejorar la salud física y mental de la empresa.

2b 1. La entrenadora personal ofrece cursos de gimnasia y consultas.
2. Los cursos empezarán en junio.
3. Los cursos son voluntarios.
4. Los cursos tienen lugar antes y después de la jornada normal de trabajo.
5. Los viernes no hay cursos.
6. En septiembre está planeado un fin de semana de actividades deportivas de aventuras en Cazorla.
7. Para participar en la actividad pensada en Cazorla hay que contactar con Elvira Montes Salvatierra.

2c 1. estar a tu/vuestra/su... disposición; 2. tener lugar; 3. adjunto a este correo; 4. contactar; 5. barajar la posibilidad

2d
1. Nos complace comunicaros...
2. Rogamos realizar la inscripción hasta el 15 de mayo...
3. Os invitamos y animamos a acompañarnos a la Sierra de Cazorla.

2e Foto 4 – Text A: Quiénes somos;
Foto 1 – Text B: Razones para inscribirse;
Foto 2 – Text C: Qué ofrecemos;
Foto 3 – Text D: Instalaciones

2f

¿Tipo de curso?	*curso de pilates*
¿Por qué quería Elena participar en él?	*Elena quería hacer algo para su espalda y bajar el nivel de estrés después de estar todo el día en la oficina.*
¿Qué se hace en el curso?	*ejercicios para fortalecer la espalda, ejercicios para relajarse, estiramientos*
¿Cómo se siente Elena después?	*El curso le encanta. Elena se siente más ágil y llena de energía. Ya no le duele la espalda. / Los dolores de espalda casi han desaparecido.*
¿Observaciones de Elena?	*El horario no le viene muy bien. Los cursos empiezan a las 8 de la tarde y se hace muy tarde, ya que ella empieza a trabajar normalmente a las 8 y media de la mañana. Ha preguntado a otros compañeros y ellos también prefieren empezar antes, para terminar antes, por ejemplo a las 7 de la tarde.*

2g Me he inscrito / apuntado en el curso "Gimnasia para todos / para todo el mundo" y estoy muy contento. El curso ha tenido lugar en la empresa y también al aire libre. Todas las clases han sido geniales / fantásticas. No siempre han sido fáciles, pero al final de la hora me he sentido siempre lleno de energía. Almudena también me ha ayudado a organizar mejor mi lugar de trabajo, de modo que ya no tengo dolores de cabeza, estoy menos estresado y mi condición física ha mejorado notablemente / claramente. Os invito y animo a aprovechar esta posibilidad / oferta de la empresa, porque es realmente una iniciativa excelente / muy buena.

F3 Salir de la rutina

3a Susana está enfadada porque la relación con su hija es cada vez peor / más difícil. Su hija hace lo que quiere, no estudia y no ayuda en las tareas domésticas / del hogar. Susana tiene que hacerlo todo ella. Además, la pasada noche su hija volvió a las 4.00 de la mañana y no le escribió un mensaje. Susana estuvo esperándola toda la noche. Es demasiado para Susana, ella piensa que tiene que cambiar algo / que es necesario que cambie algo.

3b Venga, cariño, *no te enfades*, ¡es la edad! A los 17 años todos *éramos* así. Yo creo que lo mejor es que este fin de semana *hagas* una pausa y vayas a *algún sitio*. O mejor, mira, ¿sabes una cosa? ¡*Vamos* juntos! Salir unos días y romper con la *rutina* te vendrá fenomenal. ¿Qué te parece? Ahora mismo voy a buscar dónde podemos ir...

3c 1. habl*es*; 2. tranquilic*éis*; 3. sal*gas*; 4. piens*es*; entien*da*

3d Sí, el balneario de Archena es una buena opción para las necesidades de Susana, para relajarse y descansar.
El paquete "Relax total" es ideal para Susana, porque está pensado para parejas que quieren pasar un fin de semana sin hijos.

3e Son falsos: ¡Piscinas y diversión en familia!; Semana de ciclismo en nuestras instalaciones; Fin de semana inolvidable en las aguas del lago de Archena

3f 1. piernas cansadas; 2. problemas con el sueño; 3. asma; 4. gripe; 5. piel delicada

3g Nina: regular; Luis: bueno; Laura: no recomendable

3h **Problemas:** más limpieza en las piscinas, circuitos acuáticos bastante llenos por la tarde, bastante ruido, no es un sitio para ir con niños muy pequeños, problema de ruido en las piscinas, no había albornoces o toallas infantiles, muy estresante
Aspectos positivos: ubicación perfecta, comida muy buena, relación calidad-precio adecuada, buenos tratamientos, también de flotación asistida, habitación tranquila y espaciosa

3i Reservé la promoción / el paquete "Relax total" y tengo que decir que fue una agradable sorpresa. Aunque solamente estuvimos un fin de semana, después nos sentimos muy relajados y contentos. El único problema fue llegar al balneario. Por desgracia, las explicaciones en la página web no son correctas del todo. Además hay otro problema y es que la carretera está en obras y te desvían a otro pueblo. Por eso tardamos dos horas en llegar. Es mejor que no recomienden nada en Internet o que adviertan de los problemas que puede haber en la carretera. Es necesario controlar / que controlen la página web regularmente para evitar problemas de este tipo. Pero en general fue un fin de semana fantástico / el balneario nos encantó / lo pasamos muy bien. Incluso pensamos volver en septiembre. / Nos gustó tanto que pensamos volver en septiembre.

G Lenguas en contacto

G1 Idiomas oficiales

1a Die Lösung finden Sie in der nächsten Übung.

1b Son lenguas románicas: gallego, castellano, catalán.
Vive en comunidades autónomas con más de una lengua oficial: el 40 % de la población.
Hablan catalán: unos 10 millones de hablantes.

1c Die Aussagen 1 und 4 sind falsch.

1d 1. orgullo; 2. morriña; 3. cohete; 4. alud; 5. chubasquero; 6. izquierda

1e Esteban y Julio discuten sobre las diferencias entre las lenguas y los dialectos.

1f Esteban: 2., 4.
Julio: 1., 3.

1g @Monika: ¿Dónde está el problema? Uno puede hablar bien un dialecto y también la lengua "oficial". Pero es importante tener muchos ejemplos buenos / correctos de la lengua escrita y de la oral. Por ejemplo, si en la familia solo se habla en dialecto, es necesario que los niños lean mucho y escuchen retransmisiones adecuadas para ellos / escuchen la radio / la televisión en la lengua "oficial". ¡Pero una cosa no excluye la otra! Al contrario: saber hablar en dialecto y en la lengua "oficial" solo tiene ventajas.

G2 ¿Cuántas lenguas sabes?

2a Las dudas de Johanna: no sabe los idiomas que necesitará en la universidad de Barcelona para seguir las clases y también si tendrá problemas para entenderse con la gente fuera de la universidad.
Necesita consejo sobre el alojamiento que es más recomendable en su caso.

2b Conocimientos de idiomas: *alemán* →
Nivel de conocimientos: *lengua materna*
Conocimientos de idiomas: *inglés* →
Nivel de conocimientos: *muy buenos*
Conocimientos de idiomas: *español* →
Nivel de conocimientos: *buenos*
Conocimientos de idiomas: *francés* →
Nivel de conocimientos: *principiante*

2c 1. ... quería hacerle algunas preguntas.
2. En primer lugar, ... Mi segunda pregunta se refiere a...; 3. ¿Podría darme la dirección de alguna asociación de estudiantes para que me informen?; 4. Pueden contactarme por e-mail a la dirección de este correo.; 5. Muchas gracias de antemano por su ayuda y quedo a la espera de su respuesta.

2d En los apartados "Catalán y castellano" y "Alojamiento".

2e 1. (el) renombre; 2. (la) oportunidad; 3. la mayoría; 4. (la) opción; 5. compartir piso

2f +
Atractivos culturales: museos...
Es una de las ciudades españolas con más actividad económica y comercial...
El clima es bastante agradable...
–
El precio de los alquileres está por las nubes...
Los índices de contaminación son muy altos...

2g Estimado Sr. Ruiz Castillo:
Quería hacerle algunas preguntas. / Necesitaría algunas informaciones adicionales. En primer lugar, se trata de mis competencias / conocimientos de idiomas. Mi lengua materna es alemán. ¿Qué nivel de conocimientos de español se necesitan / son necesarios en la empresa? Mi español es de nivel principiante. / Tengo conocimientos básicos de español. Sé francés bastante bien / Tengo buenos conocimientos de francés, pero tengo problemas si alguien habla muy deprisa o sobre temas específicos. Sin embargo tengo muy buenos conocimientos de inglés, porque cuando estaba en el instituto / el colegio / en la escuela, hice varios cursos / participé en varios cursos de verano en Inglaterra. Por eso al principio seguramente hablaré / me comunicaré con mis compañeros y compañeras en inglés. Mi segunda pregunta se refiere al alojamiento. Tengo que encontrar todavía un apartamento o por lo menos una habitación. ¿Podría recomendarme alguna asociación a la que dirigirme? Pueden contactarme por e-mail en todo momento en esta dirección. Muchas gracias de antemano por su ayuda y quedo a la espera de su respuesta. Atentamente, ...

G3 Varias lenguas en casa

3a Isabel ha encontrado el artículo en: ... es/educacion/familias-plurilingues/

3b a. – 3.; b. – 4.; c. – 7.; d. – 1.; e. – 2.; f. – 5.; g. – 6.

3c 2, 4 und 6 sind nicht korrekt → 2.: ... porque es nuestra lengua común ya que nos conocimos en Londres; 4.: ... con el tiempo la adquisición de las lenguas de forma simultánea les aporta mayor facilidad para aprender otros idiomas; 6.: ... sacan muy buenas notas en el colegio.

3d **Mögliche Lösung**
Yo creo que el título del informe hace referencia a que el español es una lengua que hablan muchas personas en el mundo y a que el número de hablantes de español sigue aumentando.
Im Bericht:
El español se situá así como la segunda lengua nativa más hablada del mundo...;
... es la lengua oficial de 21 países en varios continentes; El Instituto Cervantes prevé asimismo que en 2060 Estados Unidos será el segundo país hispanohablante del mundo [...], ya que el 27,5 % de la población será de origen hispano.
... el español está vivo, es un idioma en constante crecimiento y con un gran futuro.

3e Brasil, Portugal, Marruecos, Haití

3f El alemán es la lengua / el idioma oficial de Alemania, Austria y Liechtenstein y una de las lenguas / uno de los idiomas oficiales de la Unión Europea (UE), de Suiza, Bélgica y Luxemburgo.
Pero por razones históricas se habla alemán en muchos otros países, por ejemplo del Este de Europa / de Europa del Este, como Rumanía, Hungría y Polonia. Fuera de la Unión Europea (UE) hay numerosas comunidades de germanoparlantes / germanohablantes / germanófonos en Rusia y sobre todo en EE. UU. y en Sudáfrica. En algunas regiones y ciudades de Namibia se habla todavía alemán.
¿Y en Latinoamérica / América Latina? Sobre todo / Principalmente en la primera mitad del siglo XX muchos emigrantes alemanes se fueron a muchos países de Sudamérica y de Centroamérica / muchos alemanes emigraron a muchos países de Sudamérica y Centroamérica. En Argentina hay hoy / actualmente / en la actualidad unos 400.000 hablantes, en Paraguay 166.000, en Chile 20.000 y en México 80.000.

Quellenverzeichnis

Cover, Rücktitel: © Floral Deco – stock.adobe.com

Fotos Innenteil:

S. 7: © Getty Images/E+/urbazon
S. 8: © Getty Images/iStock/Cameris
S. 9: © Getty Images/iStock/helovi
S. 10: © Getty Images/iStock/Martinelli73
S. 11: © Getty Images/iStock/Plateresca
S. 13: © Getty Images/iStock/beats3
S. 14: 1 bis 6 © Getty Images/iStock/Sokorevaphoto, © Getty Images/iStock/bonchan, © Getty Images/iStock/nataliaspb, © Getty Images/iStock/ALLEKO, © Getty Images/iStock/JMontes, © Getty Images/iStock/Miguel Tamayo Diaz
S. 15: © Getty Images/iStock/VitalyEdush
S. 16: © Getty Images/iStock/JolieSh
S. 17: © Getty Images/iStock/Miguel Tamayo Diaz
S. 18: © Getty Images/iStock/Magove
S. 19: © Getty Images/iStock/Jambeiro
S. 20: A bis F © Getty Images/E+/Apennin, © Getty Images/iStock/Christopher Ames, © Getty Images/iStock/CreativeNature_nl, © Getty Images/iStock/Delpixart, © Getty Images/iStock/jonathanfilskov-photography, © Getty Images/iStock/zumstein71; Nadia © fotolia/lightpoet
S. 23: © dimaberkut/123rf.com
S. 24: 1 bis 9 © Getty Images/iStock/AlexRaths, © Getty Images/E+/onebluelight, © Getty Images/iStock/Issaurinko, © Getty Images/iStock/popovaphoto, © Getty Images/iStock/lysh2006, © Getty Images/iStock/phanasitti, © Getty Images/iStock/druvo, © Thinkstock/iStock/adisa, © Thinkstock/iStock/Natikka
S. 25: Kissen © Thinkstock/iStock/dmitriymoroz, Anhänger © Leyre – stock.adobe.com, Zelt © Getty Images/iStock/Nerthuz, Karten © Thinkstock/Hemera/Zeljko Bozic, Badeschuhe © Getty Images/iStock/Karimpard
S. 26: © Getty Images/iStock/tbradford
S. 27: © Getty Images/iStock/germi_p
S. 28: 1 bis 3 © Getty Images/istock/Motortion, © Getty Images/E+/fizkes, © Getty Images/iStock/PeopleImages
S. 29: © Thinkstock/iStock/Ljupco
S. 31: © Getty Images/E+/eclipse_images
S. 33: © Getty Images/iStock/PeterHermesFurian
S. 35: © Getty Images/DigitalVision Vectors/Ajwad Creative
S. 36: A © Getty Images/iStock/Rainer Puster, B © Thinkstock/iStock/travellinglight
S. 37: C © Getty Images/iStock/Srdjanns74, D © Getty Images/iStock/Christian Horz, Avatar © Getty Images/iStock/ApoevAndrey
S. 40: © Getty Images/iStock/nrqemi
S. 41: © Getty Images/iStock/ApoevAndrey
S. 42: © Getty Images/iStock/StockRocket
S. 43: © Getty Images/iStock/KAMPUS
S. 44: © Getty Images/iStock/Dejan_Dundjerski
S. 46: © vegefox.com – stock.adobe.com
S. 47: © Getty Images/iStock/ApoevAndrey
S. 49: © Getty Images/iStock/Victoria Gnatiuk
S. 52: © Getty Images/E+/Studio4
S. 54: © Getty Images/iStock/Bobex-73
S. 55: © Getty Images/iStock/matimix
S. 57: © Ana – stock.adobe.com
S. 58: © Getty Images/iStock/phive2015
S. 59: A bis D © Getty Images/iStock/Photogilio, © Getty Images/iStock/Anton Kornieiev, © Sebastiano Fancellu – stock.adobe.com, © Getty Images/iStock/DisobeyArt
S. 60: © iStock/Kaphoto
S. 62: © Getty Images/iStock/David-Prado
S. 63: © Getty Images/E+/Tempura
S. 64: © Getty Images/iStock/ApoevAndrey
S. 65: © Getty Images/iStock/nensuria
S. 66: © Getty Images/iStock/nullplus
S. 68: © Getty Images/iStock/Rawpixel
S. 70: © Getty Images/iStock/luamduan
S. 72: © Getty Images/iStock/monkeybusinessimages
S. 73: © Getty Images/iStock/erikapellini
S. 75: A bis D © Getty Images/iStock/JPeragine, © Getty Images/iStock/wiskid, © Getty Images/iStock/JackF, © Getty Images/iStock/inenkiy
S. 77: © Getty Images/iStock/Oscar Gutierrez Zozulia
S. 79: © Getty Images/E+/pixdeluxe
S. 80: 1 bis 4 © Getty Images/iStock/Ljupco, © Getty Images/iStock/AndreyPopov, © Getty Images/iStock/Artur Bogacki, © Getty Images/iStock/fizkes
S. 82: © Getty Images/iStock/spaxiax
S. 83: © Getty Images/E+/BraunS
S. 84: © Getty Images/iStock/marilyna
S. 85: © Getty Images/iStock/SanyaSM
S. 86: © Getty Images/iStock/GAPS
S. 87: © Getty Images/iStock/AntonioSolano
S. 88: © Getty Images/iStock/Antonio_Diaz
S. 90: © Getty Images/E+/andresr
S. 91: © Getty Images/iStock/eli_asenova
S. 93: © Getty Images/iStock/Ivanko_Brnjakovic
S. 94: © Getty Images/E+/eli_asenova
S. 95: © Getty Images/iStock/SeanPavonePhoto
S. 96: © Getty Images/iStock/AaronAmat
S. 97: © Getty Images/iStock/VeranoVerde

Bildredaktion:
Cornelia Hellenschmidt, Hueber Verlag, München

Notizen